# DICTIONNAIRE

## RAISONNÉ,

### *OU*

# EXPOSITION

## PAR ORDRE ALPHABÉTIQUE,

# DES LOIS

## *SUR LES TRANSACTIONS*

## ENTRE PARTICULIERS.

# DICTIONNAIRE

## RAISONNÉ,

## OU EXPOSITION

## PAR ORDRE ALPHABÉTIQUE,

## DES LOIS

## *SUR LES TRANSACTIONS*

## ENTRE PARTICULIERS,

*Accompagnée des Observations nécessaires pour en faciliter l'exécution.*

Et suivie d'un Recueil complet de ces mêmes Lois.

Par F. FOURNEL, *Jurisconsulte.*

Ouvrage utile aux hommes de Loi, Propriétaires, Rentiers, Arbitres, Architectes, Créanciers, Débiteurs, &c.

---

## A PARIS,

Chez Richard, Libraire, rue de la Harpe, N°. 188.
Rondonneau, place du Carroufel, au Dépôt des Lois
Et chez les Marchands de Nouveautés.

---

*An VI de la République.*

# AVERTISSEMENT.

L ES *Tranfactions entre Particuliers*
forment aujourd'hui une matière féconde
en débats & conteftations. Cet équilibre,
qu'il s'agit de rétablir entre deux, la *valeur
nominale* & la *valeur d'opinion*, n'eft pas
un travail aifé, & l'on fe trouve à chaque
inftant arrêté, par la crainte de bleffer la
juftice, en s'attachant trop judaïquement
à l'expreffion de la loi, ou d'enfreindre le
vœu de la loi, en donnant accès à des confidérations d'équité.

D'ailleurs, la Légiflation tout récem-
ment adoptée à ce fujet, n'eft pas encore
parfaitement connue ; fes difpofitions ne
font pas à la portée de tous les efprits ; il
faut pour les entendre dans leur vrai fens,
une tenue d'attention & une habitude qui
n'eft pas le partage du plus grand nombre.

Pour furcroît d'embarras, quelques-unes
de ces lois offrent aux perfonnes les plus
exercées à l'étude, de grandes incertitudes
& de pénibles difficultés.

a iij

C'eſt donc rendre ſervice au Public, de raſſembler les diverſes diſpoſitions de ces lois dans un *ordre* facile, d'en préparer l'intelligence & l'exécution, par des rapprochemens qui en font connoître, ou la ſimilitude, ou les différences

A l'aide de cet Ouvrage, on pourra facilement réſoudre une foule de queſtions qui auroient pu devenir la ſource de procès.

Les *Parties* y trouveront la meſure de leurs droits, & les *Arbitres* une baſe à leurs *déciſions*.

A l'égard des *queſtions* qui naiſſent du ſilence ou de l'équivoque de la loi, je ne me ſuis pas haſardé de les réſoudre ; je me ſuis borné à les *indiquer*, laiſſant au *Corps légiſlatif* le ſoin de ſoulager cette incertitude, par des articles *additionnels* ou des *lois interprétatives*.

# TABLE DES ARTICLES.

## A.


ACCORD ENTRE LES PARTIES, *voyez* TRANSAC-TION. . . . . . . . . . . . . . . . . . . . . . . . . . . . . *page* 1.

ACHATS. . . . . . . . . . . . . . . . . . . . . . . . . .2.

ACQUÉREURS. . . . . . . . . . . . . . . . . . . .*Ibid.*

ACTE DE NOTORIÉTÉ . . . . . . . . . . . . . . .3.

ADMINISTRATEURS, *voyez* COMPTABLES. . . . .5.

ALIÉNATION D'IMMEUBLES. . . . . . . . . . . . ,*Ibid.*


### PREMIÈRE CLASSE.


*Des ventes faites antérieurement au premier jan-vier 1791* . . . . . . . . . . . . . . . . . . . . . . .*Ibid.*


### PREMIÈRE ESPÈCE.


*Des ventes faites antérieurement au premier jan-vier 1791, entièrement acquitées depuis en papier monnoie*. . . . . . . . . . . . . . . . . . . . . . . .6.


### DEUXIÈME ESPÈCE.


*Des ventes faites antérieurement au premier janvier 1791, & dont le prix reste dû en tout ou partie*. . . . . .7.


### DEUXIÈME CLASSE.


*Des ventes faites depuis le premier janvier 1791.* *Ibid.*

viij       *TABLE*

## PREMIÈRE ESPÈCE.

*Des ventes entièrement acquitées en papier-monnoie* . . . **8.**

## DEUXIÈME ESPÈCE.

*Des ventes avec obligation à terme, dont le prix reste dû en tout ou partie* . . . . . . . . . . . . . . Ibid.

## TROISIÈME ESPÈCE.

*Des ventes faites à* longs termes, *dont le prix est dû en tout ou partie* . . . . . . . . . . . . . . . . . 10.

## QUATRIÈME ESPÈCE.

*Des ventes à charge de rentes viagères, voyez* RENTES VIAGÈRES.

## CINQUIÈME ESPÈCE.

*Des ventes à rentes perpétuelles, voyez* RENTES PERPÉTUELLES.

AMENDE . . . . . . . . . . . . . . . . . . . . . . . 18.
ANTICIPATION DE PAIEMENT . . . . . . . . . . . Ibid.
ANTIDATE, *voyez* DATE . . . . . . . . . . . . . . 19.
ARBITRES. . . . . . . . . . . . . . . . . . . . . . Ibid.
ARRÉRAGES . . . . . . . . . . . . . . . . . . . . . 21.

## PREMIÈRE ÉPOQUE.

*Du premier janvier* 1790 (v. st.), *au premier janvier* 1791 . . . . . . . . . . . . . . . . . . . . . 22.

## DEUXIÈME ÉPOQUE.

*Depuis le premier janvier* 1791, *jusqu'à la publication de la loi du* 29 *messidor an* 4 (17 *juillet* 1796)* . . . . . . . . . . . . . . . . . . . . . . . . . Ibid.

# *DES ARTICLES.* ix

## TROISIÈME ÉPOQUE.

*Depuis la publication de la loi du 29 messidor an 4..* 23.

## QUATRIÈME ÉPOQUE.

*Arrérages échus depuis le 12 nivôse an 3 (premier janvier 1795), jusqu'à la publication de la loi du 29 messidor an 4, pour la vente des biens ruraux* . . . . . . . . . . . . . . . . . . . . . . . . 25.

ASSIGNATS. . . . . . . . . . . . . . . . . . . . . . . . . 29.

ASSOCIÉS, *voyez* ARBITRES. . . . . . . . . . . . . 31.

AVANTAGES INDIRECTS, *voyez* RAPPORTS. . . 32.

AVANTAGES MATRIMONIAUX . . . . . . . . . . . . *Ibid.*

AUGMENT DE DOT. . . . . . . . . . . . . . . . . . 34.

AVANCEMENT D'HOIRIE, *voyez* RAPPORTS. . *Ibid.*

### B.

BAUX A FERME. . . . . . . . . . . . . . . . . . . . 35.

BAUX A LOYER. . . . . . . . . . . . . . . . . . . . 37.

BELGIQUE . . . . . . . . . . . . . . . . . . . . . . . . 38.

BIENS RURAUX. . . . . . . . . . . . . . . . . . . . . 39.

BILLETS A ORDRE OU AU PORTEUR. . . . . . . *Ibid.*

BILLETS RENOUVELÉS, *voyez* DATE.

BILLETS D'INTÉRÊTS, *voyez* REMBOURSE-
MENT, N°. II.

### C.

CALENDRIER NOUVEAU. . . . . . . . . . . . . . . . 41.

CAPITAL RÉDUIT. . . . . . . . . . . . . . . . . . . *Ibid.*

CESSIONS ET TRANSPORTS. . . . . . . . . . . . . *Ibid.*

x    *TABLE*

COMPTABLES, COMPTES COURANS.........42.

CONDITIONS REQUISES pour avoir droit à
    la réduction....................43.

     *Cas où la réduction n'est pas admise*....44.

     *Conditions de forme*.................46.

CONSIGNATION.....................48.

CONSTITUTION DOTALE................*Ibid.*

CONTRÉE..........................51.

CO-OBLIGÉ........................52.

COURS FORCÉ DU PAPIER-MONNOIE........*Ibid.*

### D.

DATE............................54.

     *Date antérieure*.................Ibid.

     *Date postérieure*.................56.

DÉCHÉANCE.......................57.

DÉLAI POUR NOTIFIER................59.

DÉLAI POUR PAYER..................60.

DÉLÉGATIONS......................65.

DENIERS DOTAUX....................66.

DENIERS PUPILLAIRES................*Ibid.*

DÉPARTEMENS RÉUNIS................*Ibid.*

DÉPOSITAIRES.....................69.

DÉPÔT...........................75.

DÉPRÉCIATION.....................77.

DOMESTIQUES......................78.

DONATION RÉPUDIÉE.................79.

DOT.............................*Ibid.*

DROITS SUCCESSIFS.................80.

# DES ARTICLES. xj

DOUAIRE.........................................*Ibid.*

### E.

ÉCHÉANCE.........................................81.
ÉCHELLE DE PROPORTION...............82.
ÉGALITÉ ( Coutumes d' ).................83.
EMPLOI DE DENIERS DOTAUX............84.
EMPRUNT POUR SE LIBÉRER.............88.
ENDOSSEMENS.................................89.
ENGAGEMENS DE COMMERCE...........91.
ESTIMATION D'IMMEUBLES................92.
EXÉCUTEUR TESTAMENTAIRE.............98.
EXPERTISE.......................................*Ibid.*

### F.

FERMAGES........................................101.
FONDS DE COMMERCE.....................*Ibid.*
FRAIS DE PROCÉDURES.....................*Ibid.*

### G.

GAGES ET SALAIRES...........................102.
GAIN DE SURVIE...............................103.
GARANTIE.......................................*Ibid.*

### H.

HÉRITIERS.......................................104.
HYPOTHÈQUE...................................*Ibid.*

### I.

INDICATION DE PAIEMENT.................105.

INTERPRÉTATION . . . . . . . . . . . . . . . . . . . . . . *Ibid.*

INTÉRÊTS . . . . . . . . . . . . . . . . . . . . . . . . . . . 109.

INTERROGATOIRE SUR FAITS ET ARTICLES . . . 114.

J.

JOUISSANCE RÉSERVÉE A TITRE DE LOCATION. 116.

L.

LEGS . . . . . . . . . . . . . . . . . . . . . . . . . . . . . . . 118.

LÉSION . . . . . . . . . . . . . . . . . . . . . . . . . . . . *Ibid.*

    *Premier système* . . . . . . . . . . . . . . . . . 122.

    *Deuxième système* . . . . . . . . . . . . . . . 123.

    *Troisième systeme* . . . . . . . . . . . . . . . *Ibid.*

LIBÉRALITÉS . . . . . . . . . . . . . . . . . . . . . . . 125.

LIBERTÉ DES TRANSACTIONS . . . . . . . . . . . 126.

LICITATION . . . . . . . . . . . . . . . . . . . . . . . . 127.

LIQUIDATIONS . . . . . . . . . . . . . . . . . . . . . 128.

LOCATION . . . . . . . . . . . . . . . . . . . . . . . . *Ibid.*

LOIS sur les transactions entre particuliers . . . . 129.

LONG TERME . . . . . . . . . . . . . . . . . . . . . . 131.

M.

MANDATAIRES . . . . . . . . . . . . . . . . . . . . . 133.

MANDATS, *papier-monnoie* . . . . . . . . . . . . . *Ibid.*

MAXIMUM . . . . . . . . . . . . . . . . . . . . . . . . . 134.

MINIMUM . . . . . . . . . . . . . . . . . . . . . . . . . *Ibid.*

N.

NANTISSEMENS . . . . . . . . . . . . . . . . . . . . . 135.

NOTIFICATION . . . . . . . . . . . . . . . . . . . . *Ibid.*

NOVATION . . . . . . . . . . . . . . . . . . . . . . . . *Ibid.*

# DES ARTICLES. xiij

Nue propriété...................136.

## O.

Obligations pour prêt d'argent.
*Obligations contractées depuis le premier janvier
1791, pour prêts faits avant cette époque.....138.*
*Obligations postérieures au premier janvier 1791,
mais stipulées payables en numéraire......139.*
*Obligations postérieures au premier janvier 1791,
sans qu'il y ait stipulation payables en numé-
raire, ni allégation d'une origine antérieure...140.*
Officiers ministériels................145.
Offres....................Ibid.
Offres réelles..................146.
Oppositions..................147.
Option....................Ibid.

## P.

Paiement effectué.................149.
Partage....................Ibid.
Pensions....................Ibid.
Préciput...................151.
Premier janvier 1791............Ibid.
Premier janvier 1792.............152.
Prescription..................153.
Présomption..................Ibid.
Preuve....................154.
Prix réductible................156.
Prorogation de délai.............157.

xiv    *T A B L E*

PROVISIONS............................159.
PUBLICATION.........................*Ibid.*

## Q.

QUANTITÉ DÉTERMINÉE.................161.
QUATORZE FRUCTIDOR an 3.............163.
QUITTANCE...........................164.

## R.

RAPPORT DE SUCCESSION...............166.
RÉDUCTION...........................167.
REMBOURSEMENT.......................168.
REMPLOI DE DENIERS DOTAUX...........170.
RENONCIATION........................*Ibid.*
RENTES PERPÉTUELLES.................171.
RENTES VIAGÈRES qui procèdent d'aliénation d'immeubles................173.
RENTES VIAGÈRES qui ne procèdent pas d'aliénation d'immeubles............174.

### PREMIÈRE PARTIE.

*Rentes viagères non réductibles & payables en numéraire, valeur nominale*............175.
    *Pour vente de mobilier*............*Ibid.*
    *Stipulation de paiement en numéraire ou denrées*............176.
    *Condamnation*............177.
    *Contrat*............*Ibid.*
    *Testament*............*Ibid.*

## *DES ARTICLES.* xv

DEUXIÈME PARTIE.

*Des rentes réductibles.*

I.

*Du premier janvier 1792, au premier juillet 1793* ............178.

II.

*Du premier juillet 1793, au 22 septembre 1794, correspondant au premier vendémiaire an 3* ............179.

III.

*Depuis le premier vendémiaire an 3, jusqu'à la publication de la loi du 12 frimaire an 4* ............180.

IV.

*Depuis la publication de la loi du 12 frimaire an 4, jusqu'à celle du 15 germinal suivant.* ............183.

RESCISION............185.
RÉSILIATION............188.

S.

SÉQUESTRES............192.
SOCIÉTÉ............Ibid.
SUBROGATION............Ibid.

T.

TABLEAU DE DÉPRÉCIATION............194.

xvj TABLE DES ARTICLES.

TRANSACTIONS......................197.
TUTEURS ET CURATEURS.............198.

### U.

USUFRUIT..........................200.

### V.

VALEUR NOMINALE...................Ibid.
VALEUR D'OPINION..................Ibid.
VENTE DE DROITS SUCCESSIFS........201.
VENTE DE FONDS DE COMMERCE........202.
VENTE MOBILIAIRE..................203.
VINGT-NEUF MESSIDOR AN 4..........206.
VOL...............................Ibid.


*Fin de la Table.*

EXPOSITION

# EXPOSITION

## DES LOIS

## SUR LES TRANSACTIONS

## ENTRE PARTICULIERS.

### ACCORD ENTRE LES PARTIES.

LES lois rendues sur la réduction des obligations contractées pendant le cours du papier-monnoie, n'ont eu pour objet que de suppléer au défaut de conventions particulières. Elles cessent donc d'avoir lieu vis-à-vis de ceux qui, par des *accords*, des traités, ou arrangemens, sont allés au-devant de la loi générale ; si depuis, il arrive que l'une de ces parties ait acquiescé à un traitement moins avantageux que celui qui a été adopté par la loi, elle est non recevable à revenir contre cette espèce de transaction. C'est la disposition formelle de l'art. **V.** de la loi du 15 fructidor de l'an 5.

Tous traités, *accords* ou transactions faits depuis le 1er. janvier 1791, contenant fixation en numéraire métallique, réduction ou attermoiement d'une créance résultante d'un autre titre, quelle qu'en soit la date, ou quelle que soit la valeur exprimée dans les nouveaux actes, auront leur pleine & entière exécution.

## ACHATS.

Ce terme eft plus particulièrement confacré aux objets mobiliers, à la différence de celui d'*acquifition*, qui eft réfervé pour les immeubles. Les fommes dues pour *achats* pendant la dépréciation du papier-monnoie, n'exigent pas les mêmes formalités que celles dues à titre de prêt, ou d'acquifition d'immeubles ; le rembourfement s'en confomme par un procédé beaucoup plus fimple. *Voyez* VENTE MOBILIAIRE.

## ACQUÉREURS.

On trouvera fuffifamment dans le cours de cet ouvrage ce qui concerne les droits & les obligations des *acquéreurs* d'après les nouvelles lois ; nous obferverons feulement ici que les débiteurs pour caufe d'acquifitions d'immeubles, font traités moins favorablement que les débiteurs à titre de fimple *prêt*.

Par exemple, la loi du 16 nivôfe an 6, ne leur accorde aucun délai pour rembourfer le capital réduit, au lieu qu'elle donne le délai d'un an au débiteur pour prêt. *Voyez* ALIÉNATION D'IMMEUBLES, DÉLAI.

L'*acquéreur* ne jouit pas, vis-à-vis du créancier délégué, du bénéfice de la réduction fuivant le tableau de dépréciation ; à la différence du débiteur pour *prêt* qui n'eſt tenu de payer qu'en *valeurs réduites. Voyez* DÉLÉGATION.

S'il eſt beſoin d'une expertiſe pour parvenir à la réduction , la loi veut que les frais ſoient à la charge de l'*acquéreur. Voyez* ALIÉNATION D'IMMEUBLES , EXPERTISE.

C'eſt encore l'*acquéreur* qui eſt chargé de tous les détails d'exécution pour effectuer l'expertiſe ; et s'il ne parvient pas à mettre le *rapport* en état dans le cours de quatre décades , il ouvre contre lui une action en dommages & intérêts. *Voyez ibid.*

Cette obſervation ſur l'eſprit & le vœu des nouvelles lois à l'égard des *acquéreurs* d'immeubles , peut aider à rencontrer la ſolution de pluſieurs difficultés.

## ACTE DE NOTORIÉTÉ.

I. Quoique les lois ſur les tranſactions entre particuliers n'énoncent aucune mention expreſſe d'*actes de notoriété*, elles contiennent néanmoins des diſpoſitions qui ſuppoſent l'emploi de ce moyen.

Par exemple , en matière de vente de marchandiſes et autres objets mobiliers, ou bien de fournitures de grains & denrées, la loi du 11 frimaire an 6, laiſſe à l'acheteur « la faculté de payer ſui » vant l'eſtimation de la valeur métallique au temps » du contrat ». Or, pour parvenir à l'eſtimation d'une denrée ou d'un objet de marchandiſes dans un lieu quelconque, & à une époque indiquée, la

mefure la plus efficace femble être un *acte de no-*
*toriété.*

La même obfervation a lieu pour l'eftimation
des immeubles ordonnée par la loi du 16 nivôfe
an 6, art. II., qui porte que l'eftimation de l'immeuble fera faite « eu égard à fon état à l'époque
» de la vente, & d'après *la valeur ordinaire des im-*
» *meubles de même nature dans la contrée* ». Comme
la valeur des immeubles a été infiniment variable
dans chaque contrée aux diverfes époques politiques, durant le cours du papier-monnoie, on con-
çoit, que pour affurer cette valeur eftimative, il
eft indifpenfable de recourir à un *acte de notoriété,*
pris dans la *contrée. Voyez* CONTRÉE.

II. Mais, d'un autre côté, une grande confidération s'oppofe à l'emploi des *actes de notoriété,* pour
les ventes faites depuis la prohibition du numéraire.
Il ne faut pas oublier qu'il fut un temps, où toute
autre efpèce de monnoie que celle en affignats,
étoit interdite fous peine de fix années de fers. Or,
comment un *acte de notoriété,* qui feroit relatif à cette
époque, feroit-il praticable ? Comment admettre
la *notoriété* d'une opération *clandeftine ?* Et d'autre
côté, les tribunaux peuvent-ils prendre pour bafe
une pratique qui auroit été une violation ouverte
de la loi ? *Voyez* ESTIMATION.

# ADMINISTRATEURS.

*Voyez* COMPTABLES, DÉPOSITAIRES.

---

# ALIÉNATION D'IMMEUBLES.

I. L'*aliénation des immeubles* étant le sujet le plus susceptible de difficultés, tant pour le remboursement des capitaux que pour le paiement des arrérages, nous allons donner à cette matière quelque dévelopement.

II. Les *immeubles* peuvent se partager en deux classes.

Ceux qui ont été vendus AVANT le premier janvier 1791.

Et ceux qui l'ont été DEPUIS cette dernière époque jusqu'à l'extinction du cours forcé du papier monnoie.

## PREMIÈRE CLASSE.

III. *Des ventes faites antérieurement au premier janvier* 1791.

Parmi les ventes & *aliénations* de cette première classe, il faut distinguer deux espèces. Savoir :

Les biens qui ont été acquités & soldés entièrement pendant le cours du papier-monnoie.

Et ceux qui restent encore à payer en tout, ou en partie.

## Première Espèce.

**IV.** *Des ventes faites antérieurement au premier janvier 1791, & entièrement acquitées depuis en papier-monnoie.*

A l'égard de cette espèce de ventes, elle ne donne ouverture à aucune contestation. Le débiteur est valablement acquité, quoiqu'il ait consommé son paiement à l'époque de la dépréciation du papier-monnoie; il s'est bien élevé quelques voix pour réclamer contre ces remboursements tardifs. On étoit allé jusqu'à proposer de fixer une époque, à compter de laquelle les paiemens ne seroient plus considérés que comme *des à-compte*, sur-tout quand ils auroient été faits contre le gré du créancier; mais ce systême a été constamment rejetté par le corps légiflatif, qui a persisté à donner aux remboursemens en papier-monnoie le caractère de remboursement définitif & sans retour. C'est la disposition de l'art. V. de la loi du 16 nivôse an 6. en ces termes :

Les acquéreurs qui ont payé en papier-monnoie, conformément aux lois existantes, une partie du prix convenu, *sont valablement-acquités.*

*Voyez* aussi le mot **BAUX A FERMES**, N°. III.

V. Il ne reste donc de ressource au vendeur, que la demande en *rescision*, que la loi lui a réservée dans le cas de lésion.

Sans préjudice toutefois de l'action en léfion d'outre moitié, dans le cas de droit, & ce pour les contrats antérieurs à la publication de la loi du 14 fructidor an 3. *Loi du 16 nivôfe an 6, art. V.*

*Voyez* LÉSION.

### DEUXIÈME ESPÈCE.

VI. *Des ventes faites antérieurement au premier janvier 1791, & dont le prix refte dû en tout ou partie.*

Cette efpèce ne doit fournir le prétexte d'aucune difcuffion ; ce qui refte dû fur le prix, foit en capital, foit en intérêts, eft payable en numéraire métallique ; les parties font à cet égard ( ainfi qu'il eft jufte ) rappellées aux termes de leur contrat.

Toutes les obligations d'une date antérieure au premier janvier 1791 ( v. ft. ), feront acquitées en numéraire métallique fans réduction. *Loi du 15 fructidor an 5, art. II.*

### DEUXIÈME CLASSE.

VII. *Des ventes faites* DEPUIS *le premier janvier 1791.*

On trouve dans cette deuxième claffe les efpèces fuivantes :

1°. Les *ventes* acquitées entièrement en papier-monnoie.

2°. Les *ventes* avec obligation à terme, & dont le prix refte dû en tout ou partie.

3°. Les *ventes* avec obligation à *long terme*, &
dont le prix reste dû en tout ou partie.

4°. Les *ventes* à rentes viagères.

5°. Les *ventes* à rente perpétuelle.

## PREMIÈRE ESPÈCE.

**VIII.** *Des ventes entièrement acquitées en papier-monnoie.*

Il faut appliquer à cette espèce de ventes ce qui a été dit ci-dessus au sujet des ventes faites avant le premier janvier 1791, & payées depuis en papier; c'est-à-dire que le débiteur est complettement acquité, & libéré, sous la réserve néanmoins de l'action en lésion, s'il y a lieu. *Voyez* LÉSION.

## DEUXIÈME ESPÈCE.

**IX.** *Des ventes avec obligation à* TERME, *dont le prix reste dû en tout ou en partie.*

Les sommes dues à raison de ventes d'immeubles faites, soit en propriété, soit en usufruit, depuis le premier janvier 1791, jusqu'à la publication de la loi du 29 messidor an 4, seront acquitées en espèces métalliques. *Loi du 16 nivôse an 6, art. II.*

C'est donc un point arrêté & reglé, que le prix restant sur toute espèce de vente d'*immeubles* sera soldé en numéraire.

Mais ce prix numéraire ne sera pas délivré sur

la *valeur nominale* du prix ſtipulé au contrat de vente ; la loi ſoumet cette *valeur nominale* à une *réduction*, en laiſſant néanmoins à l'acquéreur la faculté de s'en tenir aux clauſes du contrat.

X. Si l'acquéreur prétend à la *réduction*, il doit remplir les formalités ſuivantes :

1°. Il eſt tenu de notifier ſon option au vendeur, dans le délai de trois mois. *Loi du 16 nivôſe an 6, art. II.*

Ces trois mois ſe comptent du jour de la publication de la loi du 16 nivôſe, an 6. *Ibid.*

XI. A défaut de cette notification, l'acquéreur tombe dans le cas prévu par la loi, d'un acquéreur *qui préfère de s'en tenir aux clauſes du contrat.* Loi du 16 nivôſe an 6, art. II.

On peut demander à ce ſujet, ſi la déchéance eſt tellement acquiſe contre l'acquéreur, qu'il ne puiſſe revenir par une notification ultérieure. *Voyez* DÉCHÉANCE, DÉLAI.

XII. 2°. Ce n'eſt pas aſſez pour l'acquéreur de faire ſéchement la *notification* en queſtion, il faut qu'il l'accompagne des offres ſuivantes :

De payer au taux de cinq pour cent, les arrérages d'intérêts du prix, ou de la portion du prix réductible dont il ſe trouvera débiteur. *Loi du 16 nivôſe, art. VI.*

XIII. Obſervez que dans l'eſpèce dont nous parlons ici, l'acquéreur n'eft pas obligé d'offrir le capital, ni de renoncer au terme qui lui eft accordé par le contrat. Cette condition n'eft impofée qu'aux acquéreurs avec obligation *à longs termes*, & dont il fera queftion dans l'efpèce fuivante; à l'égard de l'acquéreur qui a ftipulé un bref délai, il n'eft pas compris dans cette difpofition.

Or, j'appelle ici bref délai, ( par oppofition au long terme ) celui qui n'excède pas *trois ans au-delà de la publication de la loi du 29 meffidor, an 4.* La dette dont l'exigibilité fe renferme dans cet intervalle, eft difpenfée de remboursement par l'article VI. de la loi du 16 nivôfe qui ne l'exige que:

Pour les termes ftipulés par le contrat de *vente*, qui auroient été portés à plus de trois ans au-delà de la publication du 29 meffidor an 4.

XIV. A l'égard du mode de réduction, il en fera parlé dans l'article fuivant.

### Troisième Espèce.

XV. *Des ventes faites à LONG TERME, dont le prix eft dû en tout ou partie.*

Les acquéreurs de cette troifième efpèce font en grand nombre; pendant le cours du papier-monnoie, chacun cherchoit des moyens d'échapper au remboursement en papier-monnoie, & d'en reporter l'époque au retour du numéraire. Une tournure le plus généralement adoptée, fut d'introduire dans le contrat une difpofition prohibitive du rembourfement avant *tel* terme indiqué ; les uns exigeoient dix années, les autres plus ou moins, fuivant leurs craintes & leurs efpérances; plufieurs ont porté le terme du rembourfement jufqu'après leur décès, laiffant à leurs héritiers les chances de l'évènement vis-à-vis des débiteurs.

XVI. Or, c'eft à cette efpèce de débiteur, à longs termes, que s'applique particulièrement l'art. VI de la loi du 16 nivôfe an 6.

D'abord un pareil acquéreur doit faire, comme de raifon, dans les trois mois, la *notification* prefcrite par l'art. II, & dont il a été parlé ci-deffus.

XVII. Mais de plus, il eft tenu d'accompagner fa demande en réduction, d'une déclaration portant « qu'il renonce aux termes ftipulés par le » contrat de vente ». Loi du 16 nivôfe, art. VI.

XVIII. Si dans le contrat il y a différens termes accordés, dont les uns feroient exigibles dans les *trois* années de la loi du 29 meffidor an 4, & les autres d'une échéance poftérieure, la renonciation de l'acquéreur n'eft néceffaire que pour ces derniers, & rien n'empêche qu'il ne jouiffe du bénéfice des autres termes; en cela, il rentre dans la claffe des débiteurs à *bref délai*, dont il a été traité dans l'article précédent.

XIX. Le débiteur à long terme, et le débiteur à bref délai, font d'ailleurs affujétis au même mode de réduction, dont voici la fubftance :

La loi n'explique qu'implicitement la procédure qui doit être pratiquée en pareil cas; il faut y suppléer par l'application des formalités ordinaires.

Lors donc que, sur la notification faite au créancier par le débiteur, les parties ne conviennent pas entr'elles d'une réduction, c'est au débiteur qu'il appartient de citer le créancier au bureau de paix, en *conciliation*.

XX. A défaut de *conciliation*, il doit faire assigner le créancier au tribunal de son domicile, & conclure « à ce qu'il lui soit donné acte de ce
» qu'il entend profiter du bénéfice de la loi du 16
» nivôse an 6; des déclarations & des offres qu'il a
» faites & qu'il réitère, de payer au taux de cinq
» pour cent, & selon le mode qui est ou qui sera éta-
» bli pour le paiement des intérêts dûs en vertu
» d'aliénation d'immeubles, les arrérages d'intérêts
» du prix réductible dont il sera trouvé débiteur;
» qu'il lui sera pareillement donné acte de sa décla-
» ration qu'il renonce aux termes stipulés par le
» contrat de vente, qui auroient été portés à plus
» de trois ans au-delà de la publication de la loi
» du 29 messidor an 4.

» En conséquence, qu'il sera ordonné que les
» objets vendus, feront vus & estimés par des ex-
» perts choisis à l'amiable, ou nommés d'office, à
» à l'effet par eux de vérifier & estimer la *valeur*
» *réelle* que l'immeuble vendu pouvoit avoir en
» numéraire métallique au temps du contrat, eu
» égard à son état à la même époque, & d'après

» la valeur ordinaire des immeubles de même na-
» ture dans la contrée ».

*Voyez* ESTIMATION.

XXI. Il eſt permis à l'acquéreur de propoſer lui-même une réduction, ſans attendre la déciſion des experts ; & cette meſure lui procure l'avantage d'être déchargé des frais d'expertiſe, ſi ſes offres ſont, par l'évènement, jugées ſuffiſantes. C'eſt une des diſpoſitions de l'article IV de la loi du 16 nivôſe.

Les frais de première expertiſe ſeront toujours à ſa charge ( de l'acquéreur ) à moins qu'il n'ait préalablement fait au vendeur une *offre* jugée ſuffiſante, par l'évènement de l'eſtimation.

XXII. Sur la demande en réduction, la loi ne laiſſe aux juges d'autre moyen de vuider la queſtion, que de renvoyer les parties devant les experts.

Pour déterminer la réduction, lorſqu'elle devra avoir lieu, ſoit ſur la totalité du prix, ſi elle eſt encore dûe, ſoit ſur la portion reſtante, les parties ſeront, en cas de non conciliation, renvoyées à des experts, &c. *Loi du 16 nivôſe an 6, art. III.*

XXIII. Si l'acquéreur a quelque motif d'intérêt de ne point preſſer l'expertiſe, il y a à craindre qu'il laiſſe le créancier trop long - temps dans l'incertitude. Pour prévenir ces inconveniens, c'est à celui-ci (comme étant la partie la plus intéressée) que la loi confie le soin de lever le jugement interlocutoire qui ordonne l'expertise, & d'en pourfuivre l'exécution.

L'acquéreur est tenu de mettre le *rapport* en état, dans le délai de quarante jours, à compter du jour de la signification du jugement.

L'acquéreur fera tenu, à peine de dommages & intérêts du vendeur, de faire procéder, au rapport des experts, dans quatre décades pour tout délai, à dater de la signification qui lui aura été faite du jugement interlocutoire. *Loi du 16 nivôfe an 6, art. IV.*

XXIV. Ces diverses difpofitions fur le mode de l'expertife, et les bafes de l'eftimation, laiffent fubfifter plufieurs difficultés qui ne manqueront pas d'occuper les tribunaux. Elles feront indiquées aux mots EXPERTISE, ESTIMATION.

XXV. Lorfque la réduction a été réglée entre les parties, quelle eft la condition de l'acquéreur pour la fixation de ce qui refte dû, et pour le délai dans lequel il fera tenu de fe libérer ?

XXVI. A cet égard, il faut diftinguer deux cas ;
Ou l'acquéreur n'a rien payé fur le prix énoncé au contrat de vente,
Ou il en a payé une partie.

XXVII. Si l'acquéreur n'a rien payé, le calcul

eft bien aifé à faire, puifqu'il fe trouve débiteur de tout le *capital réduit*, fans aucune fouf-
traction.

Par exemple, Paul a acquis, en 1793, un domaine pour le prix de 80,000 livres affignats,
payable dans quinze ans, fans avoir donné aucun
à-compte.

Les experts ont eftimé ce domaine 8,000 liv.,
l'acquéreur eft donc débiteur de 8,000 liv. numéraire ; il n'y a pas plus de difficulté que cela, en
pareil cas, et le compte eft bientôt réglé.

XXVIII. Mais le calcul devient un peu plus
compliqué fi l'acquéreur a payé, en affignats, une
partie du prix.

Alors il faut déduire, fur le capital réduit, la
quantité proportionnelle du prix payé en affignats,
& ce qui reftera formera précifément le reliquat
numéraire dû par l'acquéreur.

Exemple. J'ai acquis, en 1793, une maifon pour
le prix de 900,000 liv. affignats.

Sur ces neuf cents mille livres, j'ai payé trois
cents mille livres affignats, c'eft-à-dire, le tiers
de l'acquifition.

Le domaine a été depuis évalué 90,000 livres
numéraire ; combien dois-je en numéraire ?

Je dois les quatre-vingt-dix mille livres en numéraire, moins *le tiers*, que j'ai payé en affignats.
Donc, je dois 60,000 liv. numéraire.

XXIX. Ce calcul s'applique à toutes les queftions

de cette nature, & il eſt le réſultat exact de l'art. V de la loi du 16 nivôſe an 6, dont voici la diſpoſition.

Art. V. Les acquéreurs qui ont payé en papier-monnoie, conformément aux lois exiſtantes, une partie du prix convenu, ſont valablement acquités d'une *ſemblable* quotité proportionnelle de la valeur eſtimative de l'immeuble vendu ; de ſorte que s'ils ont payé la moitié, ou les trois quarts du prix ſtipulé, ils ne pourront être conſidérés comme débiteurs que de la moitié ou du quart reſtant de la valeur eſtimative, telle qu'elle ſera réglée par l'expertiſe, ſans préjudice toutefois de l'action en léſion.

*Voyez* LÉSION.

XXX. Le reliquat étant déterminé, il reſte à ſavoir dans quels délais il doit être acquité, & ( choſe ſingulière ) cet article a été omis dans la loi du 16 nivôſe.

Celle du 11 frimaire an 6, concernant les obligations pour prêt, a prévu & décidé la difficulté, en accordant au débiteur *le délai d'une année*, & en laiſſant même aux tribunaux, le droit d'y ajouter une année de plus, à la charge néanmoins par le débiteur, de payer cinq pour cent d'intérêts du capital réduit, pendant le cours du délai. *Voyez* OBLIGATION.

La

La même loi impofe au débiteur, fous peine de déchéance, l'obligation de notifier à son créancier fes OFFRES de *rembourfer le capital réduit*, dans le délai de l'année.

Mais la loi du 16 nivôfe eft reftée muette fur le fort de la dette de l'acquéreur, fans indiquer aucun terme pour le paiement, ni exiger aucunes offres à ce fujet; en faut-il conclure que le capital réduit eft exigible, rigoureufement, à l'inftant même de fa fixation? Il eft difficile de croire que ce foit là le vœu de la loi.

La feule manière de réfoudre la queftion, c'eft de dire qu'il n'y a aucun délai, *de droit*, en faveur de l'acquéreur, pour fe libérer du *capital réduit*; que la fixation de ce capital donne ouverture à l'exigibilité, à l'inftar d'une obligation échue; mais qu'alors les juges rentrent dans le droit commun d'accorder le délai que les circonftances paroîtront exiger, conformément à la loi du 15 fructidor an 5.

Cette faculté d'accorder un délai dans l'efpèce dont il s'agit, pouvant donner lieu à quelque incertitude, ce doute a été levé par une loi additionnelle, fous la même date du 16 nivôfe an 6, ainfi conçue :

Tout ce qui a été prefcrit par la loi du 15 fructidor an 5, au fujet de la prorogation de délai que les tribunaux ont la

B

faculté d'accorder aux débiteurs, & des provisions qui peuvent être requises par les créanciers, sera, à dater de la publication de la présente loi, observé à l'égard des obligations énoncées dans les titres I, II, III, IV & V de la résolution du 28 vendémiaire ( C'est celle qui a été convertie en loi sous la date du 16 nivôse.).

## AMENDE.

La loi du 3 fructidor an 3, art. IV, prononce la peine *d'amende* contre les *dépositaires publics* qui feroient en retard de restituer les dépôts en *numéraire* ou *matières d'or & d'argent*, qui leur auroient été confiés, ou qui ne rapporteroient pas la preuve de leur versement à la trésorerie.

Cette amende est de la valeur égale à celle du dépôt, moitié au profit de la nation, & moitié au profit du propriétaire. *Voyez* DÉPOSITAIRE.

## ANTICIPATION DE PAIEMENS.

Jamais on ne vit les débiteurs plus exacts à rembourser leurs engagemens, que pendant le cours des assignats, & sur-tout aux approches de leur dépréciation. Plusieurs anticipoient l'échéance de leurs obligations, & procuroient, à force de zèle, la ruine de leurs créanciers. Il fallut une loi pour tempérer l'activité de ces remboursemens, & elle fut rendue le 25 messidor an 3, en ces termes :

Aucun créancier ne peut être contraint de recevoir le remboursement de ce qui lui est dû, avant le terme porté au titre de sa créance.

*Voyez* OFFRES RÉELLES.

ANTIDATE. *Voyez* DATE. N°. II.

---

ARBITRES (NÉGOCIANS).

*Voyez* ASSOCIÉS.

I. Les associations commerciales qui ont eu lieu pendant le cours du papier-monnoie, sont de nature à engendrer des difficultés nombreuses & d'une discussion pénible ; au lieu de les laisser aux tribunaux ; il a paru plus sage de les confier à la décision arbitrale de négocians, conformément à la disposition de l'ordonnance de 1673.

Dans toutes les contestations qui pourront s'élever, 1°. entre associés, avant comme après la dissolution de la société, au sujet de leur mise de fonds ou de remboursement, le cas échéant, soit de leurs comptes courans obligés ou libres, soit des profits liquidés ; 2°. entre les associés &

ceux qui n'ont fait que prêter leur nom an commerce : 3°. entre les associés libres & les commenditaires, les parties feront tenues de se régler d'après l'usage de chaque place de commerce ; à l'effet de quoi, & sur la réquisition de l'une d'elles, elles seront renvoyées par-devant des *négocians arbitres*, qui en conformité du titre IV de l'ordonnance de 1673, statueront sur le différend ; même le cas échéant, sur l'application de l'échelle de dépréciation du papier-monnoie. *Loi du 16 nivôse an 6, art. XX.*

II. Il y a plusieurs observations à faire sur cette disposition. D'abord, c'est que l'arbitrage prescrit par cet article, n'est pas de *droit absolu* ; il faut, pour qu'il ait lieu, qu'il soit requis par l'une des parties ; ainsi, à défaut de cette circonstance, l'affaire rentre dans le domaine des tribunaux compétens, & l'article diffère, sur ce point, de l'ordonnance de 1673, qui fait de l'arbitrage une condition forcée, en matière de société.

« Toute société contiendra des clauses de se
» soumettre à des *arbitres*, pour les contestations
» qui surviendront entre les associés, & encore
» que la clause fût omise, un des associés en
» pourra nommer, ce que les autres associés seront
» tenus de faire, sinon il en sera nommé par le
» juge, pour ceux qui seront en refus ». Tit. IV, art. IX.

2°. Une seule partie force la voie de l'arbitrage, quand même toutes les autres s'y refuseroient; l'article se rencontre, en cela, avec le vœu de l'ordonnance de 1673, qui accorde *à un seul* des associés, le droit de contraindre les autres.

3°. Le choix des *arbitres* n'est pas laissé indistinctement aux parties; ce choix est circonscrit dans la classe des négocians, comme étant plus capables de décider de pareilles difficultés.

4°. En établissant ces compositeurs amiables, la loi ne leur donne pas la faculté d'une décision arbitraire, mais elle leur indique une base dont ils ne doivent pas s'écarter : *c'est l'usage de chaque place.*

5°. Dans les réductions qu'ils font dans le cas de prononcer, ils font tenus de se régler par le tableau de dépréciation; l'inobservance de l'une de ces conditions, fourniroit aux parties un moyen de nullité ou d'appel.

A l'égard des autres points de décision, les *arbitres* font rappelés aux dispositions du titre IV de l'ordonnance de 1673; circonstance importante à observer ici, en ce qu'elle rajeunit l'ancienne législation & lui donne toute la force d'une legislation nouvelle.

## ARRÉRAGES.

I. Le réglement des *arrérages* ayant été subordonné à la date de l'échéance, il paroît utile, pour plus grande précifion, de divifer cette échéance en plufieurs époques.

## PREMIÈRE ÉPOQUE.

*Du premier juillet 1790, jufqu'au premier janvier 1791.*

II. Les *arrérages* de rentes, tant perpétuelles que viagères, & des penfions, quelle que foit leur origine, qui ont couru depuis le 1<sup>er</sup>. juillet 1790, *jufqu'au premier janvier 1791* ( v. ft. ), ou jufqu'à l'introduction du papier-monnoie dans les départemens réunis, & qui pourroient encore être dûs, *feront acquités en numéraire. Loi du 26 brumaire an 6, art. II.*

Ainfi, jufqu'au premier janvier 1791, il n'y a aucune réduction à éprouver fur les *arrérages de* rentes & penfions échus antérieurement, quelle que foit leur origine, même quand la conftitution auroit été faite depuis le premier juillet 1790, & poftérieurement à l'émiffion des affignats.

## DEUXIÈME ÉPOQUE.

*Depuis le premier janvier 1791, jufqu'à la publication de la loi du 29 meffidor an 4 ( 17 juillet 1796 ).*

III. Les intérêts & *arrérages* des rentes & penfions ci-deffus énoncées, & qui ont couru entre ces deux termes ( premier janvier 1791 et 29 meffidor an 4 ), font payables ( s'ils font encore dûs ) en numéraire, réduits à l'*échelle de dépréciation* du papier-monnoie. Loi du 26 brumaire an 6, art. II.

Mais il y auroit eu de l'injuſtice à calculer ſur l'échéance du terme, puiſque la dépréciation ne s'étoit opérée que progreſſivement & de jour en jour. La loi a prévu cette difficulté en ordonnant que la dépréciation ſeroit évaluée, de *die in diem*, à l'effet de quoi il ſeroit dreſſé un tableau de dépréciation ſucceſſive.

Les intérêts & arrérages procédant des mêmes obligations ( contractées avant 1791 ), ſeront acquités en numéraire métallique, d'après la réduction qui en ſera faite à chaque époque de dépréciation que préſentera le tableau, ſans égard aux termes d'échéance ſtipulés, & ſans y déroger pour l'avenir. *Ibid, art. III.*

## TROISIÈME ÉPOQUE.

*Depuis la publication de la loi du 29 meſſidor an 4.*

IV. Il faut diſtinguer, pour les *arrérages* échus depuis cette époque, quelle eſt leur origine.

S'ils procèdent de capitaux *non réductibles*, ſoit à raiſon de leur date, ſoit à raiſon de leur nature, ( *voyez* CONDITIONS REQUISES POUR LA RÉDUCTION ). En ce cas ils ſont exigibles en numéraire métallique, ſans réduction, & ils ſe paient, pour le paſſé, comme ils doivent être payés pour l'*avenir*; c'eſt-à-dire, en numéraire non réduit, à la différence de ceux échus durant l'époque précédente, leſquels ſont ſoumis à l'échelle de dépréciation. La raison de cette différence, c'est que depuis le 29 meſſidor, le cours forcé du papier-monnoie étant aboli, les créances payables en numéraire, ont repris, à cette époque, leur valeur nominale.

Ceux dûs, tant en vertu d'obligations antérieures aux époques ci-deſſus, que d'obligations d'une date poſtérieure, pour des capitaux non réduÉtibles & qui ont couru, à compter de la publication de la loi du 29 meſſidor an 4, ainſi que ceux qui échoieront à l'avenir, feront de *même*, acquités en *numéraire métallique. Loi du 26 brumaire an 6, art. IV.*

V. Mais il en eſt autrement ſi les *arrérages* procèdent d'un titre ſoumis à la réduÉtion, ſoit par ſa date, ſoit par ſa nature ; alors ils ſubiſſent une dégradation proportionnelle au capital dont ils dérivent.

Quant à ceux qui ont couru, à compter de la publication de la loi du 29 meſſidor an 4, & qui échoieront à l'avenir, procédant de capitaux ſuſceptibles de réduÉtion, ils feront acquités en numéraire métallique, mais ſeulement pour la totalité des intérèts qui réſulteront du capital réduit ſuivant le tableau de dépréciation. *Loi du 26 brumaire an 6, art. V.*

**VI.** Ainsi, comme on vient de le voir, il y a trois modes établis pour le réglement des *arrérages* & intérêts échus & à échoir.

, Paiement en numéraire *valeur nominale & sans réduction*, pour les obligations placées sous la première époque.

Paiement en numéraire, mais avec réduction successive et journalière, conformément au tarif, pour les cas indiqués sous la deuxième époque.

Enfin, paiement alternatif, soit en numéraire réduit, soit en numéraire, avec réduction proportionnelle, d'après le tableau de dépréciation, pour l'espèce d'*arrérages* échus sous la troisième époque.

## Quatrième Époque.

*Arrérages échus depuis le 12 nivóse an 3 ( premier janvier 1795 ), jusqu'à la publication du 29 messidor an 4, pour vente de biens ruraux.*

**VII.** Lorsque parmi les *arrérages* échus depuis le 12 nivôse an 3, il s'en trouve qui dérivent de l'aliénation de *fonds ruraux*, ou pour cause de douaire, de dot, de droits successifs, légitimes, ou avancemens d'hoirie, spécialement affectés sur des fonds ruraux, ces *arrérages* sont susceptibles d'un réglement différent, d'après la distinction suivante :

**VIII.** Si les capitaux des biens ruraux, du douaire, de la dot, des droits successifs, de légitime ou d'avancement d'hoirie, ne sont, d'après la loi, fufceptibles d'aucune réduction ; ces *arrérages* doivent être payés conformément à la loi du 2 thermidor an 3 ( concernant les fermages des biens ruraux pendant le même intervalle de temps ), parce qu'alors ils font repréfentatifs du revenu des *héritages ruraux* vendus, ou fur lefquels ils ont été hypothéqués. La loi fuppofe que le débiteur a perçu fes revenus pour le compte du créancier, & décide, en conféquence, qu'il doit les reftituer en même nature.

Les intérêts & arrérages de toute nature, qui ont couru depuis le 12 nivôfe an 3, jufqu'à la publication du 29 meffidor an 4, & qui font dûs en vertu d'aliénation de fonds ruraux, bois, moulins, ou en vertu de fixation de douaire, de dot, de droits fucceffifs, de légitime, ou avancement d'hoirie hypothéqués & fpécialement affectés fur des fonds ruraux, feront acquités, favoir :

*En entier*, ceux dont les capitaux ne feront réductibles d'après la loi, & de la même manière qu'ont été ou dû être payés les fermages des biens ruraux, pendant le même intervalle de temps, conformément à la loi du 2 thermidor an 3 & autres fubféquentes. *Loi du 26 brumaire an 6, article VI.*

*Voyez* **FERMAGES.**

IX. Mais que faut-il entendre par *biens ruraux ?* La loi du 26 brumaire, en n'énonçant que les bois & les moulins, ne veut pas, fans doute, concentrer toutes les efpèces de biens ruraux, dans ces deux objets; elle laiffe donc à la prudence des juges à déterminer ce qui doit être compris dans la claffe nombreufe de *biens ruraux. Voyez* BIENS RURAUX.

X. Les parcs et les jardins d'agrémens, & ceux inhérens aux maifons, font exceptés nominativement de la claffe des biens ruraux, par l'art. VII; mais ce même article ramène ces objets à la condition des biens ruraux, lorfque le créancier fera en état de prouver que fon débiteur a été payé, en tout ou partie, de leur location; alors le créancier peut réclamer le paiement des *arrérages,* fur le même pied que le débiteur a été payé.

Les parcs & jardins d'agrémens, ou inhérens aux maifons d'habitation, ne peuvent être confidérés comme biens ruraux. Mais fi un créancier de la claffe mentionnée en l'article précédent, faifoit la preuve par écrit, que le propriétaire fon débiteur a été payé, en tout ou partie, de la location defdits parcs ou jardins, fur le prix réglé par la loi du 2 thermidor, & autres fubféquentes, les intérêts de fa créance lui feroient payés de la même manière que l'a été la partie ainſi louée & payée, & ce dans la proportion de la valeur du parc ou jardin, comparativement à la valeur du reſtant de l'immeuble hypothéqué, dont la location n'auroit été payée qu'en aſſignats. *Loi du 26 brumaire an 6, art. VII.*

XI. Exemple : Je dois une rente de 1200 liv., hypothéquée ſpécialement ſur ma maiſon louée 4,000 liv.

De cette maiſon dépend un jardin dont le loyer m'a été payé dans l'intervalle du 12 nivôſe au 29 meſſidor, ſur le pied *d'un bien rural.*

Par l'évènement de la ventilation faite entre moi & mon locataire, nous avons porté ce jardin au *quart de la location ;* par conſéquent, & aux termes de la loi du 2 thermidor de l'an 3, j'ai reçu de mon locataire, pour cette portion, 1000 l., ſavoir : 500 liv. aſſignats & 500 liv. argent, ce qui eſt *un huitième* de la location entière. Mon créancier, qui eſt inſtruit de cet arrangement, veut participer au bénéfice de cette location numéraire, repréſentative d'une portion de ſa rente, & il a effectivement droit d'exiger un *huitième* en numéraire, ſur l'année échue de ſa rente de 1200 l., ce qui lui donnera 150 liv. numéraire.

XII. Tout ce qui vient d'être dit ci-deſſus, à partir du n°. VII, concerne les *arrérages* procédant·

de capitaux non réductibles ; mais le même calcul n'eſt pas applicable aux *arrérages* procédant de capitaux ſoumis à la réduction.

En ce cas, les *arrérages* échus dans l'intervalle du 12 nivôſe an 3, ſubiſſent une réduction en raiſon proportionnelle de celle qui frappe ſur le capital.

Ceux dont les capitaux ſeront réductibles de la même manière (il faut ſous-entendre, *ſeront payés*), pour l'intérêt réſultant du capital réduit. *Loi du 26 brumaire an 6, art. VI.*

## ASSIGNATS ⹋

Les *aſſignats* prirent leur origine dans les décrets des 19 & 21 décembre 1789.

En avril 1790, un décret leur donna la qualité de *monnoie courante.*

Un autre décret du 18 ſeptembre 1790, autoriſa les débiteurs à acquiter en *aſſignats* ou *promeſſes d'aſſignats*, tous les engagemens qu'ils auroient contractés, payables en numéraire, *nonobſtant toutes clauſes & diſpoſitions contraires.*

Ainſi, à cette époque, il y eut deux eſpèces de monnoie en concurrence, le numéraire & l'aſſignat.

Néanmoins quand, dans un acte, les parties n'énonçoient pas de *quelle monnoie* elles entendoient parler, on la préſumoit *monnoie d'aſſignats.*

Mais bientôt les *affignats* triomphèrent de cette concurrence pour obtenir un *cours exclufif.*

En 1793 v. ft. il ne fut plus permis de rien ftipuler en numéraire, fous peine de fix *années de fers.* Cette profcription du numéraire dura jufqu'au 29 meffidor an 4, époque de la loi rendue fur *la liberté* des ftipulations.

Depuis l'abolition des *affignats*, il a été queftion de régler l'époque du cours forcé de cette efpèce de figne monétaire (pour parvenir à l'échelle de réduction); il a été déterminé ainfi qu'il fuit :

Pour les pays renfermés dans l'ancien territoire de France, le cours forcé des affignats fe comptera depuis le premier janvier 1791. *Lois des 5 meffidor, & 14 fruc-tidor an 5; 11 frimaire & 16 nivôfe an 6, &c.*

Dans les *départemens réunis*, le cours forcé a eu lieu à compter de l'introduction du papier-monnoie dans chacun d'eux; mais *voyez* DÉPAR-TEMENS RÉUNIS.

Quant à la ceffation du *cours forcé*, il a été fixé au jour de la publication de la loi du 29 meffidor an 4.

L'époque à laquelle a ceffé la circulation forcée du papier-monnoie, valeur nomi-nale, eft & demeure fixée au jour de la

publication de la loi du 29 meſſidor an 4.
*Loi du 5 meſſidor an 5 , art. III.*

*Voyez* MANDATS.

C'eſt l'intervalle de ces deux époques qui fait l'objet des *tableaux de dépréciation.*

ASSOCIÉS. *Voyez* ARBITRES.

Lorſqu'à la ſuite d'une diſſolution de ſociété, ou à l'occaſion d'une liquidation de commerce pendant le papier-monnoie, il y aura eu de la part d'un aſſocié, vente de ſa portion de fonds au profit d'un autre aſſocié , ou lorſque le fonds entier d'un commerce aura été cedé & tranſporté à un tiers, le prix ou reſtant du prix ne pourra être acquité qu'en numéraire métallique & ſans réduction, ſi mieux l'acheteur ou ceſſionnaire n'aime payer la valeur de l'objet vendu ou cédé au temps de la convention des parties, ſelon l'eſtimation qui en ſera faite pareillement en *numéraire*, ſur la repréſentation des inventaires, livres, journaux, états doubles ou factures, & autres documens. *Loi du 16 nivôſe an 6 , article XVIII.*

*L'eſtimation* preſcrite ici ſe calcule d'après la valeur des objets, au moment même de

la convention & non fur la valeur qu'ils pourroient avoir au moment de l'eftimation ; & elle
eft en cela conforme à celle qui eft autorifée par
la loi du 11 frimaire an 6, pour la vente de
marchandifes & autres chofes mobiliaires. *Voyez*
VENTE MOBILIAIRE.

## AVANTAGES INDIRECTS.

*Voyez* RAPPORTS.

---

## AVANTAGES MATRIMONIAUX.

*Voyez* DOT.

I. Les douaires préfix, l'augment &
contre - augment, ainfi que tous autres
*avantages* matrimoniaux, feront pareillement acquités en numéraire métallique,
& fans autre réduction ni limitation que
celles dont la dot elle-même feroit fufceptible, lorfque lefdits avantages auront été
fixés en proportion d'icelle, & fauf l'exécution de ce qui eft prefcrit par la loi du
17 nivôfe an 2, pour la converfion, le cas
échéant, defdits avantages & ufufruits de
moitié fur les biens du conftituant. *Loi du
16 nivôfe an 6, art. XIV.*

Le préciputs & autres avantages matrimoniaux à prélever fur la communauté,

en

pays coutumier, feront, dans tous les cas, affujétis aux mêmes réductions dont la portion de la dot qui a formé la mife en communauté feroit fufceptible, quand même ils n'auroient pas été fixés par la ftipulation ou proportion d'icelle. *Loi additionnelle du 16 nivôfe an 5, art. VII.*

Ces articles ne peuvent aifément s'entendre fans le fecours de quelques obfervations.

II. D'abord, il en réfulte que tous les *avantages matrimoniaux* ftipulés même pendant le difcrédit du papier-monnoie, doivent être néanmoins acquités valeur nominale, & fans réduction en numéraire.

2°. Comme il eft d'ufage de proportionner ces avantages à l'importance de la conftitution dotale, le cas arrivant où cette conftitution dotale fe trouveroit diminuée & affoiblie par l'effet de la loi du 17 nivôfe an 2, la loi autorife une diminution proportionnelle des avantages ftipulés dans le contrat de mariage. C'eft ainfi qu'il faut entendre l'art. VI de la loi du 16 nivôfe, à commencer par ces mots, *fans autre réduction ni limitation, &c.*

Et comme il auroit pu exifter quelque doute fur la manière d'apprécier cette proportion dans les contrats de mariage qui n'en font pas mention, l'art. VII de la loi additionnelle lève la difficulté, en déclarant que les *avantages matrimoniaux* font *de droit* préfumés avoir été réglés en proportion de l'importance de la loi, fans qu'il ait été befoin de l'exprimer. *Voyez* CONSTITUTION DOTALE.

## AUGMENT DE DOT.

C'eft un avantage matrimonial ufité en pays *de droit écrit*; il eft compris par la loi du 16 nivôfe an 6; parmi les avantages matrimoniaux payables en numéraire, quoique ftipulés pendant le cours du papier-monnoie, fauf néanmoins fa réduction, en raifon de celle que la dot éprouveroit elle-même, par l'effet de la loi du 17 nivôfe an 3. *Voyez* AVAN-TAGES MATRIMONIAUX, Nº. II, & CONSTITUTION DOTALE.

## AVANCEMENT D'HOIRIE.
*Voyez* RAPPORT.

## AVANTAGES INDIRECTS.
*Voyez* ÉGALITÉ, PARTAGE, RAPPORT.

# BAUX A FERME.

*Voyez* BIENS RURAUX, FERMAGES.

I. La dépréciation notoire des assignats avoit rendu illusoire, pour les propriétaires, le revenu de leurs *baux*, lorsqu'ils n'étoient pas payables en nature. Il fut un temps où un fermier s'acquitoit d'un loyer de 600 liv. avec une ou deux voitures de fumier ; un décret du 2 thermidor an 3 remédia en partie à ce scandale, en ordonnant que les fermages de cette année, soit de biens ruraux, soit de moulins à grains, seroient acquités moitié en grains effectifs, blé, froment, seigle, orge & avoine, l'autre moitié en assignats. Ce décret contient des détails d'exécution qu'il est inutile de rappeler ici ; & il a depuis été interpreté par deux autres décrets des 3 brumaire & 13 frimaire an 4, dont les dispositions sont également inutiles à discuter ici.

Quelque temps après, les mandats ayant été substitués aux assignats, les fermiers furent autorisés à payer la moitié du fermage de l'an 3 en *mandats* ; loi du 15 germinal an 4.

II. Le corps législatif s'est ensuite occupé du mode de paiement pour l'an 4.

Sous le nom de l'an 4 il faut entendre, d'après la loi, les fermages qui courent à compter du 12 nivôse an 4, jusqu'au 12 nivôse an 5, correspondant au premier janvier 1796, jusqu'à pareil jour de l'année 1797, v. st.

Les fermages de l'art. IV, s'entendent de ceux qui font le prix des récoltes & jouiſſances faites ou qui fe feront à compter du 12 nivôfe dernier, premier janvier 1796 vieux ſtyle, juſqu'au 12 nivôfe an 5, quelle que foit l'échéance des termes convenus par le bail pour le paiement. *Loi du 9 meſſidor an 4, art. XI.*

Pour cette année, il a été ordonné que les fermages payables en nature, continueroient d'être payés en nature.

A l'égard des *baux* ſtipulés en monnoie, les ſommes qui en reſtoient dues ont été déclarées exigibles, le quart en fruits ou autres produ&ions, & le ſurplus en valeur repréſentative de grains.

Pour chaque *franc* ( vingt ſols ) de fermage, le fermier a dû donner une valeur en mandats équivalente à dix livres peſant de blé-froment. *Ibid.* art. II. & V.

III. Mais environ deux mois après, le mode établi pour les fermages de l'an 4 fut ſupprimé pour les paiemens à faire, & tout ce qui reſtoit dû des fermages de toute eſpèce d'exploitation rurale pour les années antérieures à l'an 4, fut déclaré exigible en numéraire métallique ou mandats au cours. Loi du 18 fru&idor an 4.

Ce fut ſans doute un grand préjudice pour les fermiers qui étoient reſtés en retard ; à l'égard de ceux qui s'étoient acquités ou qui avoient *conſigné*, quelque vaine que fût cette libération pour l'intérêt

du propriétaire, elle fut confirmée par une difpofition expreffe.

Ceux qui ont payé la totalité de leurs
fermages , conformément aux lois exiftantes lors du paiement, font entièrement
libérés, quelles que foient les réferves de
revenir à compte, d'après les lois qui pourroient furvenir , inférées aux quittances
qu'ils ont retirées. Sont pareillement libérés
ceux qui ont fait des offres & confignations
valables, fuivant les lois qui exiftoient aux
époques defdites confignations. *Loi du 18
fructidor an 4, art. VI.*

*Voyez* CONSIGNATION.

A partir de cette dernière époque, les fermages
s'acquitent en numéraire. Cependant, comme il y
avoit une grande quantité de *baux* qui avoient été
réglés en raifon du dépériffement des affignats , &
portés à un prix qui n'avoit rien de commun avec
leur valeur numéraire ; la même loi laiffa aux fermiers le moyen de rétablir la proportion , foit en
fe reportant aux prix du bail précédent , foit en
exigeant la réfiliation.

## BAUX A LOYER.

Les *baux à loyer* de maifons d'habitation n'ayant
pas éprouvé la même viciffitude, que ceux de biens
ruraux , & n'offrant pas d'ailleurs la même importance, nous aurons peu de chofes à dire fur cet article.

Il fuffira d'obferver, qu'après avoir été fucceffivement payables en affignats & en mandats, leur fort fut définitivement fixé par la loi du 21 fructidor an 4.

Cette loi diftingue les *loyers* ftipulés par *baux* ou conventions antérieures au 1<sup>er</sup>. nivôfe an 3, de ceux dont la ftipulation eft poftérieure à cette époque.

Les *loyers* procédant de *baux* antérieurs au premier nivôfe an 3, ont été déclarés exigibles en numéraire ou mandats au cours, pour le temps qui s'écoulera à compter du premier vendémiaire fuivant.

A l'égard des *loyers* procédant de *baux* ou conventions poftérieurs au premier nivôfe an 3, ils ont dû être réglés de gré à gré entre les parties, & payés en numéraire ou mandats au cours, à compter également du premier vendémiaire fuivant.

Faculté aux locataires qui fe croiroient léfés par ces difpofitions, de fe défifter de leur *bail*, en avertiffant dans le mois de la publication de la loi, & à la charge de ceffer leur jouiffance avant le premier frimaire fuivant. Loi du 21 fructidor an 4.

## BELGIQUE.

La loi du 11 frimaire an 6 prononce en faveur de la ci-devant *Belgique*, une exception fur le mode de réduction des engagemens contractés dans ce pays pendant le cours du papier-monnoie; fuivant cette loi, toutes les obligations confenties à cette époque, font cenfées avoir été ftipulées payables en *numéraire*, s'il n'y a ftipulation expreffe du contraire.

Sont exceptées les obligations contractées dans la ci-devant Belgique, lesquelles seront cenfées contractées en numéraire métallique, à défaut d'expreffion contraire. *Loi du 11 frimaire an 6, art. III.*

Cette exception eft-elle commune à tous les autres départements réunis ? *Voyez* DÉPARTEMENS RÉUNIS.

## BIENS RURAUX.
### *Voyez* ARRÉRAGES.

---

## BILLETS A ORDRE, ou AU PORTEUR.
### *Voyez* DÉLAI, RÉDUCTION, NOTIFICATION, LONGS-TERMES.

I. La loi du 11 frimaire an 6, art. V, exige que le débiteur d'une fimple obligation à long terme, pour caufe de *prêt* durant le cours du papier-monnoie, qui veut profiter du bénéfice de la réduction, faffe, dans les deux mois, notifier fon intention au créancier, avec *offres* de le rembourfer dans *le délai d'un an*, en renonçant *au long terme* énoncé dans l'obligation. Mais cette difpofition eft impraticable à l'égard des débiteurs de *billets à ordre* ou *au porteur*, à *échéance éloignée*. Ces effets étant par leur nature fufceptibles d'une circulation rapide, le débiteur n'eft pas à portée de connoître fon créancier ; & l'on peut dire même que le créancier n'étant bien déterminé qu'à l'époque de l'*exigibilité*, il ne peut être connu du débiteur qu'au moment de la *préfentation du billet ;* & comme cette préfentation ne doit avoir lieu qu'au terme de l'échéance, il s'enfuit qu'il a fallu faire une exception à la loi générale pour les débiteurs de pareils effets. Ces débiteurs n'ont donc pas été affujétis à la *notification* dans le délai de deux mois.

Le délai ci-deffus ne courra, à l'égard des billets au porteur, ainfi que des billets à ordre *à long terme*, que du jour de leur préfentation. *Loi du 11 frimaire an 5, article VI.*

Il réfulte de cette difpofition, que les débiteurs de *billets à ordre* ou au *porteur*, font traités plus avantageufement que les débiteurs d'*obligation*, puifque le délai ne court à leur égard que du jour de la *préfentation* des *billets*. Néanmoins comme il eft poffible d'accélérer la préfentation, fans attendre l'échéance, cette circonftance fait rentrer le débiteur dans la loi commune.

II. A l'égard de ce qu'il faut entendre par l'expreffion de *long terme* en matière d'*effets négociables*, *voyez* LONG TERME.

III. Sur la manière de s'acquiter d'un effet à *ordre* qui n'eft pas venu à *préfentation* pendant la dépréciation du papier-monnoie, *voyez* CONSIGNATION, DÉPÔT.

# CALENDRIER (NOUVEAU).

On n'a commencé à faire usage du *nouveau style* que le 6 octobre 1793 qui correspond au premier vendémiaire an 2. Mais ce style n'étoit pas universel, & les actes étoient indifféremment datés d'après l'un ou l'autre *calendrier*; mais à compter du 21 septembre 1794 ou premier vendémiaire an 3, le nouveau *calendrier* fut seul admis dans les actes publics; cette observation a paru nécessaire ici pour faciliter le travail des *réductions*, & l'intelligence des *tableaux de dépréciation.*

# CAPITAL RÉDUIT.

C'est la dénomination dont les nouvelles lois se servent pour exprimer la *partie numéraire* qui se retrouve à la suite de l'opération réductionnelle.

Ce *capital réduit* est remboursable dans les délais indiqués. *Voyez* DÉLAIS.

Il engendre toujours des intérêts à cinq pour cent jusqu'au jour du remboursement; & les intérêts qui sont échus avant la réduction, sont également calculés à cinq pour cent pour le prêt du *capital réduit. Voyez* INTÉRÊTS , VALEURS RÉ-DUITES, PRIX RÉDUCTIBLE.

# CESSIONS ET TRANSPORTS.
*Voyez* ENDOSSEMENTS, DÉLÉGATION, SUBROGATION.

Pendant le cours forcé du papier-monnoie, beaucoup de particuliers l'ont employé à acquérir d'anciennes créances, en remboursant les titulaires, & en se faisant subroger à leurs droits.

A l'époque de la suppression du papier, & lorsqu'il fut question de régler le mode des remboursemens, le sort de ces espèces de *cessions* & *transports* occupa l'attention du corps législatif. Il y eut d'abord un projet de loi qui assujétissoit les cessionnaires à l'échelle de réduction, du jour de la *cession*. Néanmoins, la loi du 11 frimaire an 6 les a subrogés aux droits des anciens créanciers, en ces termes :

Art. XI. La réduction ci-dessus n'est pas applicable , 1°. aux simples cessions & transports de dettes, &c. Dans tous ces cas , & sauf les exceptions légales, les cessionnaires pourront *faire valoir en entier les droits des cédans* ou délégans, contre les débiteurs cédés ou délégués.

## COMPTABLES, COMPTES COURANS.

Tout débiteur par compte courant, dont la solde étoit payable en papier-monnoie, de même que tout négociant, commissionnaire , qui par ordre & pour compte de ses commettans, aura vendu pareillement en papier-monnoie des marchandises, ou exigé des effets négociables dont le produit aura été laissé entre ses mains, feront valablement libérés, en rendant en même nature ce qu'ils ont reçu, ou bien fa valeur d'après l'échelle de dépréciation, au temps de la fuppreffion du papier-monnoie ; à la charge cependant de juftifier dans l'un & l'autre cas, par leur correfpondance ou autrement, qu'auffi-tôt après la réception des mêmes fonds, ils les ont tenus à la difpofition de leurs créanciers ou commettans.

Dans le cas contraire, ils en feront préfumés rétentionnaires, & ils en paieront la valeur, réduite d'après l'échelle de dépréciation, à l'époque où leur compte auroit dû être arrêté & foldé. *Loi du 16 nivôfe an 6, art. XXII.*

*Voyez*, pour compléter cet article, *les mots* CONSIGNATION, DÉPOSITAIRES.

## CONDITIONS
*Requifes pour avoir droit à la réduction.*

I. La réduction de la dette fur l'échelle de proportion n'eft pas accordée à tous les débiteurs indiftinctement, ni dans tous les cas ; il y a pour l'obtenir plufieurs conditions introduites par les lois fucceffivement rendues en cette matière.

II. Ces *conditions* embraffent le fond & la forme, & on les trouvera indiquées dans le cours de cet ouvrage aux articles qui y correfpondent.

Néanmoins, une espèce de table qui les raffem-
blera fous les yeux fommairement, pourra être d'une
grande utilité aux parties intéreffées.

**III.** *Cas où la demande en réduction n'eft pas admife.*

Il n'y a pas lieu à la réduction,

1°. Si le titre de la créance eft antérieur au premier janvier 1791. Loi du 15 fructidor an 5, art. I.

2°. Si étant daté depuis le premier janvier 1791,
il eft relatif à une créance qui prend fon origine
avant le premier janvier 1791. Loi du 14 fructidor an 5.

3°. Si le titre, foufcrit depuis le premier janvier
1791, fait néanmoins mention que la fomme a été
prêtée en numéraire. Loi du 11 frimaire an 6, art. I.

4°. Si l'obligation ( quoique foufcrite depuis le
premier janvier 1791 ), eft ftipulée payable en numéraire. Loi du 15 fructidor an 5, art. VI.

5°. Si l'obligation a été paffée dans la Belgique,
ou autres départemens réunis fans qu'il y ait eu ftipulation expreffe, que la fomme étoit payable en
affignats. Lois du 15 fructidor, art. VI. 11 frimaire
an 6, art. III.

6°. Si l'obligation eft payable en quotité déterminée de grains, denrées, matières d'or ou d'argent, ou d'autres marchandifes, ou en la valeur
courante defdits objets au temps de l'échéance. *Ibid.*
art. VII. Loi du 11 frimaire an 6, art. VIII.

7°. La réduction n'eft pas applicable aux fimples

cessions & transports de dettes ni aux endossemens d'effets négociables, ni aux délégations; quelle que soit la date de ces transports, cessions & délégations, elle ne prévaut pas sur la date du titre originaire. Loi du 11 frimaire an 6, art. XI. *Voyez* CESSION.

8°. Il n'y a pas lieu à la réduction pour les ventes de droits successifs. *Ibid.* art. XIV.

9°. Ni pour les gages & salaires de domestiques. *Ibid. Voyez* GAGES & SALAIRES.

10°. Ni pour les frais de procédure qui ont été taxés suivant les anciens réglemens. *Ibid.*

11°. Ni pour le prix des ventes de matière d'or & d'argent, marchandises & autres choses mobiliaires, ou pour fourniture de grains & denrées; la seule chose que puisse exiger le débiteur, c'est de ne payer en numéraire que la valeur numéraire de ces objets au temps de la vente. Loi du 11 frimaire an 6, art. XV. *Voyez* VENTE MOBILIAIRE.

12°. Ni pour les capitaux en numéraire que les tuteurs ou curateurs ont reçus pendant la durée de leur administration, & dont ils auroient négligé de faire emploi. *Ibid.* art. XVI.

13°. Ni pour les capitaux en numéraire ou en matière d'or & d'argent, qui auroient été confiés à des dépositaires, à moins que ceux-ci ne justifient d'une force majeure qui les en auroit dépouillés, en échange de papier-monnoie. Lois des 23 septembre 1793, 3 fructidor an 3.

14°. Ni pour les fommes, rentes & penfions dues à titre de pure libéralité par des actes entre-vifs ou à caufe de mort, quand même elles feroient affectées fur des fucceffions ouvertes depuis la dé-préciation du papier-monnoie. Loi du 11 frimaire an 6, art. XVII. *Voyez* LIBÉRALITÉ.

15°. Ni pour les conftitutions dotales. Loi du 16 nivôfe an 6, art. XIII.

16°. Ni pour les douaires prefixs, préciputs & autres avantages matrimoniaux. *Ibid.* art. XIV.

17°. Ni pour les rapports faits par les héritiers venant à partager dans une fucceffion commune, lorfque les fommes rapportables ont été reçues en numéraire. Loi du 16 nivôfe an 6, art. XVI. *Voyez* RAPPORT.

## Conditions de forme.

IV. Dans les cas fufceptibles de réduction, l'exer-cice de ce droit exige les formalités fuivantes :

1°. S'il s'agit d'une obligation à *long terme* pour prêt de papier-monnoie, le débiteur doit faire no-tifier fon option au créancier dans le délai de deux mois. Loi du 11 frimaire an 6, art. V. *Voyez* DÉLAI, NOTIFICATION, OBLIGATION.

2°. Il doit dans le même délai, toujours fous *peine de déchéance*, notifier au créancier fa *renon-ciation* aux termes à écheoir, & ftipulés dans l'acte. *Ibid.*

3°. La même déclaration doit être accompagnée

*d'offres* de rembourfer le capital réduit, dans le délai d'une année. *Ibid.*

4°. Il doit même offrir de payer au taux de cinq pour cent les intérêts échus & à écheoir du capital réduit, même quand l'acte ne porteroit aucune ftipulation d'intérêts, ou bien contiendroit une ftipulation d'intérêts au-deffous de cinq pour cent. *Ibid.* art. VII.

V. S'il s'agit d'une fomme due à raifon de la vente d'un immeuble, l'acquéreur à *long terme* eft tenu de notifier fon option, avec cette différence néanmoins, que le délai eft de *trois mois* au lieu de *deux.*

Il eft tenu de notifier fa renonciation aux termes ftipulés dans l'acte de vente, mais, avec cette différence, qu'il n'eft pas obligé d'offrir ( comme le débiteur pour fimple prêt ) le rembourfement dans l'année ; ( la loi ne s'étant pas expliquée fur cet article ). Loi du 16 nivôfe, art. V. *Voyez* ALIÉNATION D'IMMEUBLES, INTÉRÊTS.

VI. L'acquéreur eft tenu de faire procéder au rapport des experts dans quatre décades pour tout délai ; fon retard n'entraîne cependant pas la déchéance de la *réduction*, fon effet fe réduit aux dommages & intérêts du vendeur. Loi du 17 nivôfe, art. IV.

*Nota.* Les frais de cette expertife font à la charge de l'acquéreur. *Ibid. Voyez* ESTIMATION, EXPERTISE.

CONSIGNATION. *Voyez* OFFRES RÉELLES.

Une loi du 25 meſſidor an 3 , ayant ſuſpendu les rembourſemens, pluſieurs pétitions furent adreſ-fées au corps légiſlatif, à l'effet de déterminer le ſort des offres réelles antérieures à cette loi, & qui n'avoient pas été ſuivies de *conſignation ;* ces pétitions furent rejettées par un *ordre du jour* motivé

Sur ce qu'un rembourſement n'eſt con-ſommé que lorſque le débiteur s'eſt déſaiſi par la CONSIGNATION. *Décret du premier fructidor an 3.*

# CONSTITUTION DOTALE.
*Voyez* AVANTAGES MATRIMONIAUX.

I. Les parens qui ont conſtitué une dot à leurs enfans , pendant le cours du papier - monnoie, ſont tenus de les payer en numéraire métallique & *ſans réduction*, ſuivant l'art. XIII de la loi du 16 nivôſe an 6.

Art. XVI. *Les conſtitutions de dot* en avancement d'hoirie, de même que celles qui ont été faites pour tenir lieu d'un droit acquis , ſeront acquitées en numéraire métallique, *ſans réduction. Loi du 16 ni-vôſe an 6 , art. XIII.*

II. Cette *conſtitution dotale* n'eſt réductible qu'au-

tant

tant qu'elle excéderoit la *portion héréditaire* du *conjoint*, fur les biens du *conftituant*, eu égard à l'état de fa fortune à l'époque de la *conftitution dotale*; auquel cas les tribunaux font autorifés à réduire la dot, conformément à la loi du 17 nivôfe an 2. *Ibid.* art. XIII.

En pareil occurrence, les avantages matrimoniaux éprouvent une réduction proportionnelle. *Voyez* AVANTAGES MATRIMONIAUX. N°. II.

La réduction de la *conftitution dotale* pour les caufes de difproportion avec les droits héréditaires du *conjoint*, ceffe néanmoins d'avoir lieu fi le *conftituant* a remis entre les mains du conjoint un immeuble, par forme de *nantiffement*, *& avec claufe expreffe que les fruits feroient compenfables fur les intéréts du capital promis. Ibid.*

III. Mais le rembourfement en numéraire de la *dot conftituée pendant le cours du papier-monnoie*, ne s'étend point aux conjoints entre eux, ni à leurs héritiers; & lorfqu'il y a ouverture à la reftitution de la *dot* & autres *reprifes matrimoniales*, le mari ou fes héritiers ne font tenus de rendre que ce qu'ils ont reçu, de la même manière qu'ils ont reçu.

Les reftitutions des *dots* & autres *reprifes matrimoniales*, feront faites par les maris, ou par leurs héritiers, *en numéraire métallique*, pour tout ce qu'ils auront reçu ou dû recevoir de la même manière, & *ces*

*valeurs réduites* d'après le tableau de dépréciation, pour tout ce qu'ils auront reçu en
papier-monnoie, en partant des époques
des paiemens. *Loi du 16 nivôse an 6, article XV.*

IV. Mais fi le mari a fait *emploi* ou *remploi* des
fonds de la *conftitution dotale*, ou autres rembourfemens échus à la femme, *le tout en papier-monnoie,*
fur quel pied en fera-t-il compté à la femme ou
à fes héritiers ?

La loi veut que les immeubles repréfentatifs
des fonds en queftion, appartiennent à la femme
ou à fes héritiers, pour la *valeur nominale* de l'acquifition. *Voyez* EMPLOI.

A moins que les maris n'en aient fait un
emploi ou remploi, dans les pays feulement, & dans les cas où ils y étoient foumis; & en ce dernier cas le *bénéfice* de *l'emploi* ou *remploi* appartiendra à la femme.
*Ibid.*

V. La difpofition qui déclare exigible en numéraire la dot conftituée, pendant le cours du papier-
monnoie, & non foldée, introduit une différence
manifefte entre la condition des enfans, dont les
uns auroient reçu en affignats le paiement de leur
dot, & ceux qui en feroient reftés créanciers;
mais alors l'égalité fe rétablit à l'ouverture de la
fucceffion du conftituant, par la voie du rapport,

ſuivant l'article XVI de la loi du 16 nivôſe an 6.
*Voyez* ÉGALITÉ PARFAITE, PARTAGES, RAPPORTS,
SUCCESSION.

## CONTRÉE. *Voyez* ESTIMATION.

C'eſt une expreſſion employée dans la loi du
16 nivôſe an 6, art. III, pour établir une baſe à
l'eſtimation des experts ; elle leur enjoint de faire
l'évaluation, eu égard au prix en numéraire, des
objets, dans la même *contrée.*

Mais qu'eſt-ce qu'une *contrée ?* Quelle eſt ſa
circonſcription ? Pendant un long trajet de la révolution, le territoire de France a ſubi des diviſions
& des ſubdiviſions, en départemens, diſtricts,
cantons, municipalités ; à laquelle de ces fractions
faut-il appliquer le terme de *contrée ?* Cette incertitude, aſſez indifférente au premier coup-d'œil,
pourroit, en certain cas, préſenter beaucoup d'intérêt, car il y a *tel* immeuble & domaine qui peut doubler de prix, en raiſon de la *contrée* où il ſera colloqué.
Une lieue de plus ou de moins dans la ſituation,
apporte une grande différence dans la valeur ; &
puiſque l'eſtimation doit ſe faire par *contrée,* il eût
été à deſirer que la loi en eût, elle-même, donné la
définition fixe, ne fût-ce que pour épargner aux
parties, aux experts & aux juges, la peine de la
chercher.

D 2

# CO-OBLIGÉ.

Celui qui a remboursé en papier-monnoie une obligation à laquelle il n'avoit aucune participation, peut exiger du débiteur originaire le remboursement de l'obligation, de la même manière que l'auroit pu faire le créancier remboursé.

Mais il en est autrement, s'il étoit lui-même *co-obligé*, soit de son chef, soit à titre d'héritier ou d'*ayant cause*. Dans ce dernier cas, le bénéfice du remboursement en papier-monnoie, se partage avec les *co-débiteurs*. Le *co-obligé* qui rembourse est considéré agir pour le compte de ses co-débiteurs, autant que pour le sien, & il n'a de recours contre eux que pour la portion qui les concerne, & d'après l'échelle de proportion, à l'époque du remboursement. *Voyez* CESSION ET TRANSPORTS.

Il en sera usé de même à l'égard du co-obligé, qui s'est fait subroger aux droits d'un créancier commun, en payant la part d'un autre co-débiteur. *Loi du 11 frimaire an 6, art. X.*

## COURS DU PAPIER-MONNOIE.

Le *cours du papier-monnoie* ayant éprouvé une grande variation, suivant la diversité des lieux, quel est celui qui doit faire loi entre un créancier & un débiteur, pour parvenir au remboursement

d'une obligation contractée en papier-monnoie,
& fusceptible de réduction ?

Le cours qui fait loi, est celui du lieu où le
paiement a dû être effectué.

Nul ne pourra refuser son paiement en
mandats, au cours du jour & du lieu où le
paiement a dû s'effectuer. *Loi du 5 thermidor an 5 , art. II.*

*Voyez* ÉCHELLE DE PROPORTION.

## COÛT DE L'EXPERTISE.

Le coût de la *première expertise* est à la charge
de l'*acquéreur*. *Voyez* EXPERTISE.

———————————

## COUTUMES D'ÉGALITÉ.

Quelle est l'influence des *coutumes*, sur la *réductibilité* des constitutions dotales ?
*Voyez* ÉGALITÉ.

———————————

# DATE. *Voyez* CALENDRIER.

I. La *date* étant devenue un objet d'une grande considération pour déterminer la réductibilité des contrats & autres engagemens, l'adresse des spéculateurs s'est exercée à reculer ou avancer la *date*, suivant leurs intérêts.

Il est donc à propos de développer les principes qui ont été établis sur cette matière, par la nouvelle législation.

On peut considérer les écrits obligatoires sous leur rapport avec une *date* antérieure ou postérieure à celle qui est indiquée dans le titre.

## DATE ANTÉRIEURE.

II. Comme le papier-monnoie est toujours allé en décroissant de valeur, ce n'est pas le débiteur qui peut avoir intérêt à reporter la *date* de son engagement à une époque antérieure à son titre; au contraire, plus la date se rapprochera de l'extinction du papier-monnoie, plus l'acquitement en seroit facile.

Ce n'est donc que le créancier qui peut élever quelque prétention sur l'antériorité de l'obligation, & il y est admis en deux circonstances :

1°. S'il arrive que le titre reporte lui-même la cause de l'obligation à une époque *antérieure* & déterminée; en ce cas, il n'y a pas besoin d'autres recherches, la preuve de l'*antériorité* résultant de l'aveu même du débiteur.

Par exemple : Si un billet daté du premier janvier 1793, renouvelle un billet de 1792, il eſt évident que la *date* de la réduĉtibilité doit ſe prendre en 1792.

Lorſqu'une obligation ſuſceptible de réduĉtion, rappellera un droit certain, ou un aĉte antérieur, & dont les cauſes ſont néanmoins poſtérieures au 1^er. janvier 1791, ou bien lorſqu'il ſera prouvé de la manière indiquée dans l'art. I, que ladite obligation dérive d'un plus ancien *prêt* en papier-monnoie, la réduĉtion ſera faite, eu égard aux valeurs réellement fournies, en remontant à l'origine de la date. *Loi du 11 frimaire an 6, art. IX.*

Et ſi la *date* du prêt s'étendoit par de-là le premier janvier 1791, le billet deviendroit tout à fait exigible en numéraire.

Seront acquités en numéraire métallique ſans réduĉtion, les obligations dont le titre produit auroit une date poſtérieure à l'introduĉtion des aſſignats & mandats, lorſque ce titre *rappellera* l'origine de la créance, ou un titre antérieur ; ou qu'il ſera dit ſans *Novation. Loi du 14 fruĉtidor an 5, art. I.*

Mais il n'arrive pas toujours que la *date* de la

créance foit rappellée dans le titre obligatoire, ou bien qu'elle le foit avec affez de précifion, pour convaincre le débiteur; alors la loi ouvre au créancier la voie de la preuve de l'antériorité de la *date* & de fa véritable époque, par les *écrits & documens*, & même par *l'interrogatoire* du débiteur. *Voyez* INTERROGATOIRE SUR FAITS ET ARTICLES.

Il en fera de même, s'il eft prouvé par d'autres écrits émanés du débiteur, ou par fon interrogatoire fur faits & articles, que le titre eft relatif à une obligation contractée avant le premier janvier 1791. *Loi du 14 fructidor an 5, art. I.*

## D A T E   P O S T É R I E U R E.

III. Mais de même qu'un créancier eft en droit d'établir l'antériorité d'une obligation contre fon débiteur, de même auffi un débiteur peut avoir intérêt d'établir une obligation *poftérieure* à la *date*, une poftériorité, laquelle auroit été tranfpofée, foit par méprife, foit autrement.

Par exemple : en recevant une fomme de 100,000l. affignats en 1794, un débiteur a daté fon billet de 1793, foit par inattention, foit à la réquifition du prêteur, qui fe préparoit d'avance le bénéfice d'une réduction plus avantageufe.

La preuve de cette *poftériorité* eft ouverte au débiteur, d'après les écrits émanés du créancier

& autres renseignemens, même par la voie de *l'interrogatoire* sur faits & articles.

Quoique cette réciprocité de preuves, quant à la *date*, ne soit pas textuellement prononcée par la loi du 11 frimaire, elle en est le résultat nécessaire, à raison de la parité de la situation des parties : &, d'ailleurs, le vœu de cette loi d'accorder la preuve au débiteur contre le créancier, est suffisamment exprimé dans l'art. ·VI. *Voyez* IN-TERROGATOIRE SUR FAITS ET ARTICLES.

## DÉCHÉANCE.

I. La *déchéance* est-elle de droit acquise contre les débiteurs qui ont laissé expirer les délais indiqués par la loi, sans notifier leur option & leurs offres de remboursement, ou bien n'a-t-elle lieu que lorsqu'elle est expressément prononcée par le texte de la loi ?

Cette question ne pourra manquer d'être élevée, au sujet de la différence qui se rencontre entre plusieurs lois, sur la *peine de déchéance*.

Par exemple : l'art. V de la loi du 11 frimaire an 6 exige du débiteur, pour cause de simple prêt, qu'il notifie son *option* dans les deux mois, *sous peine de déchéance*.

Mais la loi du 16 nivôse an 6, en exigeant la même option de la part du débiteur, pour *acquisition d'immeubles*, dans le délai de *trois mois*, n'ajoute pas, à peine *de déchéance* ; or, dans ce cas

& autres pareils, les tribunaux font-ils fondés à fuppléer la peine *de déchéance*, comme étant une difpofition tacite de la loi, ou bien doivent-ils s'abftenir de la prononcer, faute de la trouver nominativement exprimée ?

II. On peut dire, pour le fyftème de *déchéance*, qu'il eft une conféquence naturelle de l'inexécution de la loi; qu'en réduifant le droit de faire *option* à un délai indiqué, c'eft fuffifamment déclarer qu'après ce *délai*, l'option n'eft plus admiffible; qu'une loi n'eft faite que pour être exécutée; & que ce feroit une difpofition illufoire de circonfcrire un *délai*, avec la faculté néanmoins de ne s'y pas conformer. Qu'enfin, fi la prononciation expreffe de la peine ne fe trouve pas répétée à chaque article, c'eft une *omiffion* qui n'entraîne aucune conféquence.

Mais on peut oppofer contre la *déchéance*, que les difpofitions pénales ne fe fuppléent pas ; qu'au lieu de les étendre, il eft de principe de les réduire rigoureufement au cas exprimé ; que quand la loi a voulu attacher la *déchéance* à l'expiration d'un certain délai, elle n'a pas manqué de le déclarer ; qu'en matière de légiflation, on ne doit pas préfumer l'oubli, ni la négligence ; qu'une omiffion de la peine a pû être motivée par quelque confidération importante ; qu'en tous cas, foit oubli, foit intention, il fuffit que la peine ne s'y trouve pas, pour qu'il ne foit pas permis de l'appliquer, &c., &c.

DÉLAI POUR NOTIFIER. *Voyez* NOTIFICATION.

Le bénéfice de la *réduction* ne pouvant s'obtenir qu'à la suite d'une *notification* dont les *délais* sont différens, il nous a paru utile de les rassembler sous un même point de vue:

I. Pour obligation pour *prêt*, passée à plus de *deux ans de terme*, au-delà du 29 messidor an 4, la *notification* doit être faite dans les *deux mois*, à peine de déchéance. Loi du 11 frimaire an 6, art. V.

II. Pour les billets à ordre ou au porteur, *à longs termes*, la *notification* doit être faite dans les deux mois, à compter seulement du jour de la *présentation*. Loi du 11 frimaire an 6, article VI. *Voyez* BILLETS, LONG TERME.

III. Pour les sommes dues à raison de ventes d'immeubles, la demande en réduction doit être *notifiée* dans le *délai* de *trois* mois, à compter de la publication de la loi du 16 nivôse an 6. Loi du 16 nivôse an 6, art. II.

IV. Les acquéreurs d'immeubles, à rentes viagères, qui sont dans l'intention de *résilier*, sont tenus de faire leur notification dans les deux mois. *Ibid.* art. VII.

V. Les débiteurs de rentes perpétuelles, pour prêt en papier-monnoie, ont *deux mois*, à peine de déchéance, pour notifier leur option de *remboursement*. Loi additionnelle du 16 nivôse, art. I.

VI. Même *délai* pour les acquéreurs de biens immeubles à rente perpétuelle. *Ibid.* art. V.

VII. Les fermiers qui, en vertu de la loi du 9 fructidor an 5, ont préféré la résiliation de leur bail, ont dû, *sous peine de déchéance*, la demander par écrit, dans le mois qui a suivi la publication de cette loi.

## DÉLAI POUR PAYER.

*Voyez* PROVISION, RÉDUCTION, BILLETS.

I. Pendant que le corps législatif s'occupoit du mode de réduction dont étoient susceptibles les obligations contractées durant le cours du papier-monnoie, il a paru convenable de suspendre l'exercice de toutes poursuites relativement à ces créances.

Cette suspension a, depuis, été levée, par les lois des 15 fructidor an 5, 11 frimaire & 16 nivôse an 6.

II. La loi du 15 fructidor, après avoir adopté plusieurs dispositions qui règlent les droits des créanciers vis-à-vis de leurs débiteurs, accorde à ceux-ci la faculté d'obtenir du *délai*.

Les tribunaux, tant de première instance que de causes d'appel, pourront accorder au débiteur dont l'obligation est antérieure à la publication de la loi du 5 thermidor an 4, un DÉLAI qni ne pourra excéder *un an*, & qui courra pour toutes les obligations échues ou à écheoir indistinctement , à compter de la publication de la présente , mais à la charge par le débiteur de payer l'intérêt de sa dette pendant la durée du *délai.*

Mais cette faculté d'obtenir un *délai* est refusée aux *dépositaires* , *séquestres* & *mandataires.* Art. IX de la même loi.

III. Lorsque le débiteur d'une obligation à *long terme* (*voy.* LONG TERME ) s'est pourvu en réduction, & qu'il y a lieu au remboursement accéléré, il a, *de droit* & par la disposition de la loi ( 11 frimaire an 6 ), *le délai d'une année* pour solder son remboursement , avec la faculté même d'obtenir des tribunaux la prorogation d'une seconde année.

IV. S'il s'agit d'une obligation à long terme procédant de l'acquisition d'un immeuble, la loi n'accorde aucun *délai* à cette espèce de débiteur, pour effectuer son remboursement. *Voyez* ce qui a été dit à ce sujet au mot ALIÉNATION D'IM-MEUBLES.

V. Les débiteurs à titre de rentes pour prêt en papier-monnoie , ayant été assimilés aux débiteurs d'obligation à *long terme* ( par l'art. I de la loi *additionnelle* du 16 nivôse an 6 ), ils sont, comme ceux-ci, assujétis aux formalités exigées pour obtenir la *réduction ;* ils ont, en ce cas, un *délai* de *deux ans* pour effectuer le remboursement, en payant par *moitié* à l'expiration de chaque année.

Les débiteurs par contrats de constitution de rentes, qui auront fait leur option de la manière ci-dessus, jouiront d'un délai de deux années, à dater de la publication de la loi du 11 frimaire an 6, pour le remboursement par moitié à l'expiration de chaque année, du *capital réduit* d'après l'échelle, si mieux les créanciers ne préfèrent d'en recevoir la totalité à la dernière échéance, sans préjudice des provisions qui pourront être accordées à leur réquisition. *Loi du 16 nivôse an 6, art. II.*

VI. Les débiteurs de rentes perpétuelles, pour cause de vente d'immeubles, jouissent aussi de la faculté de réduire le capital, en offrant de rembourser, & en se conformant aux formalités requises en cette matière ; mais dans quel *délai* doivent-ils opérer ce remboursement ? la loi est muette à leur égard, & on peut leur appliquer ce qui a été dit, au sujet des débiteurs par obligations à *longs termes*, pour cause d'aliénation d'immeubles. *Voyez* ALIÉNATION D'IMMEUBLES, N°. III.

## DÉLÉGATIONS. *Voyez* QUITTANCE.

I. Il faut distinguer deux espèces de *délégations*, qu'on peut appeler l'une *active*, & l'autre *passive*.

La *délégation active* est celle par laquelle un créancier délègue à quelqu'un une certaine somme à prendre sur son débiteur ; en ce cas le cessionnaire devient un *délégataire actif*, qui représente le créancier originaire, & qui a les mêmes droits sur le débiteur *délégué*.

La *délégation passive* est celle, par laquelle un débiteur charge quelqu'un d'acquiter à sa décharge un de ses créanciers. Dans le premier cas, c'est le débiteur qui change de créancier; dans le second, c'est le créancier qui change de débiteur.

Or, il faut examiner ces deux espèces sous leur rapport avec le *cours du papier-monnoie*.

II. Les *délégations actives* faites sur un débiteur en *numéraire* au profit d'un cessionnaire qui n'a acheté cette *subrogation* que par une pareille somme de *papier-monnoie*, sont-elles susceptibles de réduction, soit en faveur du *débiteur originaire*, soit en faveur du créancier *délégant?* Non : cette réduction ne peut être réclamée, ni par le *délégant*, ni par le *délégué*. C'est la faute du délégant de n'avoir pas prévu le cas du retour du numéraire, & de n'avoir pas sû appliquer une juste appréciation à ce qu'il cédoit.

A l'égard du débiteur *délégué*, il lui importe peu à quel créancier il a affaire. Sa condition n'ayant pas changé, la substitution d'un individu à un autre pour créancier, ne lui fournit aucun prétexte d'obtenir une réduction.

Il n'y a donc que le *délégataire* qui profite de

l'évènement ; & il rentre dans la claſſe d'une foule de *ſpéculateurs* qui ont tiré un bon parti des circonſtances. C'eſt ce qui eſt décidé en ces termes :

La réduction ci-deſſus n'eſt pas applicable aux ſimples *ceſſions & tranſports* de dettes , *aux délégations & indications de paiemens* , même aux *délégations acceptées.*

Dans tous les cas , & ſauf les exceptions légales , les ceſſionnaires ou DÉLÉGATAIRES *porrront faire valoir en entier les droit des cédans ou délégans , contre les débiteurs cédés ou délégués. Loi du 11 frimaire an 6 , art. XI.*

III. Voyons, à préſent, les effets de la *délégation paſſive* qui forme l'eſpèce inverſe.

Un acquéreur pendant la dépréciation du papier-monnoie a été chargé de payer en l'acquit de ſon vendeur, une ſomme de vingt mille francs dûe par celui-ci à Paul, par un titre antérieur à l'introduction du papier-monnoie ( par exemple, un douaire ) à l'effet de quoi l'acquéreur a retenu entre ſes mains une ſomme pareille à celle *déléguée.*

Le cours forcé du papier-monnoie ayant été ſupprimé avant le rembourſement de la *délégation*, le créancier délégué demande à l'acquéreur le paiement en numéraire; celui-ci prétend qu'il n'a jamais entendu conſentir & accepter qu'une *délégation proportionnelle* à la valeur du papier, & il demande à être déchargé vis-à-vis le créancier délégant, &

vis-à-vis

vi-à-vis le délégué, en rembourſant le montant de la *délégation* ſur le pied de l'échelle de proportion.

Mais il eſt combattu ſoit par le vendeur, ſoit par le créancier délégué, & ſouvent même par tous les deux à la fois, ſur le motif que la *délégation* eſt entière pour le montant de la créance déléguée à quelque ſomme & en quelque eſpece que ce ſoit.

Cette queſtion s'eſt pluſieurs fois préſentée avant que la loi eût prononcé, & avoit donné lieu à des déciſions différentes; mais l'uniformité a été rétablie par la loi du 16 nivôſe qui a formellement prononcé contre le délégataire en ces termes:

Toute délégation & indication de paiemens réſultans de contrats de vente paſſés pendant le cours du papier - monnoie, obligent l'acquéreur à rapporter au vendeur les quittances de créanciers délégués aux droits deſquels il demeure réciproquement ſubrogé, lorſqu'ils auront été rembourſés de ſes deniers. *Loi du 16 nivôſe an 6, art. X.*

Mais une reſſource eſt réſervée à l'acquéreur qui, par une pareille charge croiroit éprouver quelque léſion, c'eſt d'offrir la réſiliation de la vente. *Voyez* QUITTANCE & RÉSILIATION.

IV. Au ſurplus le délégataire n'eſt traité auſſi rigoureuſement que quand la *délégation* procède de l'aliénation d'immeubles. La loi ne l'a conſidéré que ſous la qualification d'acquéreur auquel elle accorde la faculté d'échaper par la réfiliation à une condition trop dure. Si donc la *délégation* dérive d'une fimple obligation pour prêt, alors elle retombe dans la claffe des obligations ordinaires dont il fera parlé ci-deffous, & elle n'a d'effet contre le *délégataire*, que fuivant l'échelle de proportion à l'époque de la *délégation. Voyez* OBLIGATION.

V. On ne peut pas fe diffimuler que la difpofition de la loi relative aux *délégations & indications* de paiement auroit eu befoin de plus de développement, & qu'il s'élevera peut-être à ce fujet des *difficultés* & des *queftions* qui exigeront une loi ultérieure. *Voyez* GARANTIE.

# DENIERS DOTAUX.
*Voyez* CONSTITUTION DOTALE, EMPLOI, REPRISES MATRIMONIALES.

---

# DENIERS PUPILLAIRES.
*Voyez* TUTEURS & CURATEURS.

---

# DÉPARTEMENS RÉUNIS.
*Voyez* ASSIGNATS, OBLIGATIONS.

Le *cours forcé* des affignats ne fe compte pas pour les *départemens réunis*, de la même date que pour l'ancien territoire de France, c'eft-à-dire du premier janvier 1791.

La *réduction* des obligations ne fe calcule que de l'époque de l'introduction du *papier-monnoie* dans chacun de ces départemens.

L'époque où le papier-monnoie a eu *cours forcé au pair* dans ces pays, a dû être fixé par l'*adminif-tration centrale* de chaque département, ou à fon défaut par le directoire exécutif ou par fes agens, fuivant l'art. IV de la loi du 15 fructidor an 5.

Les *départemens réunis* jouiffent d'une exception particulière au fujet du rembourfement des obliga-tions contractées chez eux pendant le *cours du papier-monnoie ;* c'eft que ces obligations font payables en numéraire à quelque époque qu'elles aient été fouf-crites, fi elles ne contiennent pas la ftipulation ex-preffe d'être payables en affignats. Loi du 15 fruc-tidor an 5 , art. VI.

C'eft précifément l'inverfe de ce qui a été or-donné pour les pays de l'ancien territoire de France.

Cependant il exifte au fujet de cette exception pour les *départemens réunis* une obfcurité qui mérite d'être obfervée.

L'art. VI de la loi du 15 fructidor an 5 , étend cette exception à *tous les départemens réunis* en ces termes :

Seront également acquités de la même manière ( en numéraire ) les obligations contractées *dans les départemens réunis,* qui ne contiennent pas la ftipulation expreffe d'être payables en affignats.

E 2

Cela eſt bien précis pour l'univerſalité des *départemens réunis ;* dans ces pays les obligations ſont cenſées conſenties en *numéraire métallique*, à moins qu'il n'y ait ſtipulation contraire.

Après cela, vient la loi du 11 frimaire an 6, qui laiſſant de côté le privilége accordé aux *départemens réunis* par la loi du 15 fructidor, les traite comme l'ancien territoire de France en déclarant :

Que les obligations contractées dans les départemens qui ont été réunis à la France, & dans l'iſle de Corſe, depuis l'introduction du papier-monnoie dans ces pays, *feront cenſées conſenties valeur nominale du papier-monnoie* ayant cours, lorſque *le contraire ne ſera pas prouvé.*

Voilà donc les *départemens réunis* déchus par l'article II de la loi du 11 frimaire, du bénéfice qui leur avoit été accordé par l'art. VI de la loi du 15 fructidor.

Mais la même loi du 11 frimaire, art. III, rétablit auſſi-tôt ce bénéfice en faveur de la *Belgique* ſeulement, en ces termes :

Sont exceptées les obligations contractées dans la ci-devant Belgique, leſquelles, en conformité de l'article 6 de la loi du 15 fructidor an 5, ſeront cenſées conſenties en numéraire métallique, à défaut d'expreſſion contraire.

D'abord il paroît singulier, après avoir supprimé l'exception commune à tous les pays *réunis*, de la rétablir exclusivement en faveur de la *ci-devant Belgique*.

Ensuite, l'art. III de la loi du 11 frimaire, en se référant à l'art. VI de la loi du 15 fructidor, suppose que cet article ne concernoit que la *ci-devant Belgique* lorsqu'au contraire il enveloppoit tous les *départemens réunis*.

D'où il résulte qu'il y a entre ces divers articles une *apparence* de contradiction qui aura besoin peut-être d'une loi *interprétative*.

**DÉPOSITAIRES.** *Voyez* COMPTES COURANS.

I. On peut distinguer trois espèces de *dépositaires*.

Les *dépositaires* volontaires, les *dépositaires* judiciaires & les *dépositaires* publics.

II. Les *dépositaires* volontaires sont ceux qui ont accepté un *dépôt* par le seul fait de leur complaisance, sans y être appelés par aucune injonction judiciaire ni aucun *office public*.

Ces *dépositaires* sont tenus de remettre les fonds en *nature*, & tels qu'ils les ont reçus. Lois des 21 décembre 1792, 23 septembre 1793, 16 germinal an 2, 3 fructidor an 3 & 13 germinal an 4.

Si le *dépositaire* avoit été dépouillé par violence ou autre force majeure, il n'est tenu de rendre que ce qu'il lui est resté entre les mains.

Il en est de même de ceux qui peuvent

juſtifier avoir été contrains, dans des temps de troubles, par autorité ou violence légalement conſtatée, de changer contre du papier le numéraire qui étoit dans leur caiſſe. Dans ce cas, ils ne ſont tenus qu'à repréſenter les ſommes échangées, dans les mêmes eſpèces qu'ils auroient été forcés de les recevoir. *Loi du 30 pluviôſe an ſ, art. II.*

Celui qui a reçu un dépôt en papier-monnoie, n'eſt pas reſponſable de la dépréciation du papier ſurvenue pendant la durée de ſon dépôt, & il eſt valablement libéré en reſtituant le papier-monnoie en nature.

Mais il faut pour cela qu'il ait toujours tenu le dépôt à la diſpoſition du propriétaire, & qu'il n'ait pas été conſtitué en *demeure* de le remettre ; ſans quoi, il eſt reſponſable du dépériſſement du papier-monnoie, à compter du jour du retard.

La même exception a lieu pour ceux qui auroient reçu le dépôt avec ſtipulation d'intérêts.

Sont & demeurent exceptés ceux qui ont été en demeure de reſtituer leſdites valeurs, de même que les *dépoſitaires* qui ſe ſeroient ſoumis d'en payer l'*intérêt*. Dans ce cas, les capitaux légitimement dûs ſeront rembourſés en valeur métallique ; néanmoins d'après l'échelle de dépréciation, eu égard aux époques, foit de la demeure, foit de la ftipulation d'intérêt. *Loi du 11 frimaire an 6, art. XII.*

III. Les *dépofitaires* volontaires, qui cédant à la crainte & aux allarmes que les circonftances pouvoient autorifer, fe font empreffés d'aller échanger foit à la monnoie, foit à la tréforerie, foit dans les caiffes publiques, le numéraire qu'ils avoient en dépôt contre du papier-monnoie, ont-ils une excufe valable pour fe fouftraire à la reftitution du dépôt en nature, & peuvent-ils invoquer l'art. II de la loi du 30 pluviôfe an 5 ( ci-deffus cité n°. II ), lorfque d'ailleurs la conduite du *dépofitaire* eft à l'abri de tout foupçon de mauvaife foi ?

On peut dire d'un côté, que la loi ordonne impérativement la reftitution en nature des dépôts, fauf les cas indiqués ; que le dépofitaire, qui a fait un échange auquel il n'étoit pas affervi par la loi, a outre-paffé fes pouvoirs, & qu'il n'eft pas recevable à s'en prévaloir contre le *dépofant.*

D'autre part, on peut répondre que l'obligation d'un *dépofitaire* ne va pas jufqu'à compromettre fon falut & celui de fa famille pour la confervation du *dépôt* ; que fans avoir été nominativement affujéti à l'obligation impofée aux *dépofitaires* judiciaires & publics, il s'en trouvoit indirectement atteint par les circonftances politiques ; circonftances fi impérieufes que les propriétaires mêmes s'empreffoient de se défaire de leur numéraire contre des assignats, qu'on ne peut pas faire un reproche au *dépositaire* d'avoir fait pour autrui ce que chacun faisoit pour soi-même, &c.

IV. Les *dépositaires* judiciaires sont ceux qui ont reçu une autorisation & une mission particulière, soit de la loi, soit des tribunaux, pour se constituer gardiens & *dépositaires*, tels que les *exécuteurs testamentaires*, les *tiers saisis*, les *gardiens*, &c.

Il faut leur appliquer les dispositions relatives aux *dépositaires* volontaires, à la différence qu'en certains cas, ils ont été autorisés, & quelquefois même contraints de verser leur dépôt dans les caisses nationales, ce qui leur fournit un juste moyen de défense contre la répétition des dépo-sans, sauf à ceux-ci à se pourvoir de la manière qui sera indiquée ci-dessous. N°. VIII.

V. Les *dépositaires publics* sont les officiers ministériels, à qui la loi a particulièrement délégué le droit de recevoir les dépôts, tels que les notaires, greffiers, receveurs *de consignations*, &c.

C'est contre cette espèce de *dépositaires* que la loi est spécialement dirigée. Il n'a pas été permis à ces officiers de dénaturer les dépôts qu'ils avoient entre leurs mains, à l'époque de l'introduction du papier-monnoie, ni d'en faire un objet de spéculation. Ils sont tenus de les restituer en nature.

Quelques difficultés s'étant élevées à l'égard des receveurs des confignations, qui prétendoient aux exceptions, leur réclamation a été rejetée, & une loi particulière les a r ppelés à la condition commune des dépofitaires judiciaires & publics.

Les fommes verfées dans les caiffes des confignations, feront reftituées en. mêmes efpèces qu'ils les ont reçues. *Loi du 30 pluviôfe an 5, art. I.*

VI. Au mois de feptembre 1793, il intervint un décret qui enjoignit à tous les *dépofitaires* publics de verfer leurs dépôts, en numéraire & en objets d'or & d'argent, à la tréforerie nationale, & dans les caiffes des receveurs de diftricts. Ceux des officiers publics qui fe font deffaifis en exécution de cette loi, font, comme de raifon, difpenfés de la reftitution en nature.

Ceux des receveurs qui, en exécution de la loi du 23 feptembre 1793, ont verfé dans la caiffe nationale les fommes confignées, dans les mêmes efpèces qu'ils les ont reçues, font valablement libérés. *Loi du 30 pluviôfe an 5, art. II.*

VII. Mais il ne fuffit pas au *dépofitaire* d'alléguer le fait de ce verfement, il faut qu'il en produife un certificat authentique.

Sont exceptés des difpofitions de la préfente loi, ceux des dépofitaires publics qui
juftifieroient *par certificats authentiques, &*
*non équivoques*, qu'en exécution de la loi
du (1) *11 avril* 1793, ils ont verfé à la
tréforerie nationale les dépôts qui leur
avoient été confiés. *Loi du 3 fructidor an 3,*
*art. IV.*

Faute de cette preuve, les *dépofitaires* font condamnés : 1°. au paiement de la fomme égale à la
valeur du dépôt; 2°. une amende égale à cette
valeur, dont moitié au profit de la nation, &
l'autre moitié au profit du propriétaire de dépôt.
*Ibid.* art. III.

VIII. Si les notaires, greffiers, receveurs &
autres *dépofitaires* publics fe font trouvés dans le
cas prévu par l'article II de la loi du 30 pluviôfe
an 5 ( ci - deffus citée, n°. I), d'une fpoliation
exercée dans les temps de troubles, par violence
ou par abus d'autorité, ils font difpenfés de la
reftitution en nature.

Les parties intéreffées ont alors leur recours
contre la *nation*, ou contre ceux qui fe font em-
parés du dépôt.

Dans les deux cas ci-deffus (de verfe-
mens au tréfor national, ou de fpoliation),

_______________

(1) La loi eft ici mal datée. Il faut lire 23 feptembre.

les parties intéreſſées exerceront leurs droits contre la nation, ou contre tout autre particulier retentionnaire de leurs fonds. *Loi du 30 pluviôſe an 5, art. II.*

IX. Aucun *dépoſitaire* des trois eſpèces ci-deſſus indiquées, ne peut obtenir du *délai* pour la reſtitution du dépôt.

Il ne ſera point accordé de délai, pour les ſommes dùes par les dépoſitaires, ſequeſtres ou mandataires. *Loi du 15 fructidor an 5, art IX.*

X. Il y a contrainte par corps contre tous *dépoſitaires* judiciaires ou publics.

Tout dépoſitaire de juſtice ſera contraint par corps, à la reſtitution du dépôt qui lui aura été confié. *Loi du 30 pluviôſe an 5, art. VI.*

## DÉPOT (FORMALITÉ DU).

I. Les débiteurs qui ont fait des offres réelles en papier-monnoie, ne font point libérés vis-à-vis de leurs créanciers ſi les offres réelles n'ont point été ſuivies du *dépôt. Voyez* CONSIGNATION.

II. Aux approches de la dépréciation des aſſignats, les créanciers ne ſe preſſoient pas d'exiger le montant de ce qui leur étoit dû, eſpérant le prochain retour du numéraire; d'une autre part les débiteurs se montroient par les mêmes motifs ardens à solder les obligations échues; & par une révolution assez bizarre, on voyoit les débiteurs courir après leurs créanciers qui se déroboient à leurs poursuites; comme il étoit néanmoins intéressant pour l'ordre social & la sûreté du commerce de mettre les débiteurs à portée de s'acquiter légalement, sur-tout pour les effets négociables; il intervint le 6 thermidor an 3 une loi qui pourvut aux moyens de cette libération par la voie du *dépôt*.

Cette faculté ne fut accordée,

*Qu'aux porteurs de billets à ordre, lettres de change au porteur, ou de tous autres effets négociables.*

Faute par ceux-ci de s'être présentés dans les trois jours qui suivront celui de l'échéance, le débiteur est autorisé à déposer la somme portée au billet, aux mains du receveur de l'enregistrement, dans l'arrondissement duquel l'effet est payable. *Loi du 6 thermidor an 3, art. I.*

Ce *dépôt* accompagné des formalités indiquées par la même loi, suffit pour libérer le débiteur, & faire retomber sur le créancier le risque de la dépréciation des assignats.

III. Une loi du 23 septembre 1793 enjoignit aux notaires & autres officiers publics de porter à la tréforerie nationale les fonds en numéraire , & les matières d'or & d'argent qui leur avoient été confiés pour être échangés contre des affignats. Sur l'accompliffement de cette formalité , *voyez* DÉPOSITAIRES.

# DÉPRÉCIATION.

C'eft un mot *nouveau* qui doit fon origine aux circonftances (1); ce terme technique eft fréquemment employé par les lois fur les tranfactions entre particuliers, pour exprimer la *valeur d'opinion* du papier-monnoie.

L'époque de cette *dépréciation* eft fixée, par les lois, au premier janvier 1791 ; à partir de ce temps, le *cours* ou la *dépréciation* du papier-monnoie font des expreffions fynonymes. La *dépréciation* a varié dans différens départemens & à différentes époques. Elle a fuivi, pour la plupart du temps, les mouvemens du corps politique, & a été foumife à l'influence des localités. C'eft ce qui s'eft oppofé à l'exécution d'un *tableau uniforme* de *dépréciation*, & a introduit la néceffité d'un tableau pour chaque département. Mais cette mefure même n'eft pas fans inconvéniens, & de temps en temps il s'élève des réclamations à ce fujet. *Voy.* ÉCHELLE DE PROPORTION, VALEUR D'OPINION.

---

(1) On connoiffoit bien *déprécier*, mais on ne lui admettoit pas de *fubftantif.*

# DOMESTIQUES.

*Voyez* GAGES ET SALAIRES, LIBÉRALITÉS.

I. Il y a plufieurs *domeftiques* qui ont obtenu de leurs maîtres des rentes & penfions, par teftament ou par *donation entre-vifs.*

De ces actes de libéralité, les uns font antérieurs à l'introduction du papier-monnoie, les autres depuis; mais il n'importe, ils font payables, les uns & les autres, en numéraire, & fans réduction. Loi du 11 frimaire an 6, art. XVII.

La feule réductibilité dont ils foient fufceptibles, eft celle qui eft relative à la capacité du teftateur & donateur, d'après les difpofitions de la loi du 17 nivôfe an 2. *Ibid.*

II. Si les legs ou donations ont été affectés fur une fucceffion qui s'eft ouverte pendant le cours du papier-monnoie, cette confidération ne change rien à la nature des legs & donations, qui n'en font pas moins exigibles en numéraire, aux dépends de qui il appartiendra. *Ibid. Voyez* LIBÉRALITÉS.

III. A l'égard du mode adopté pour les *gages de domeftiques,* pendant le cours du papier-monnoie, *voyez* GAGES ET SALAIRES.

# DONATION RÉPUDIÉE.

Dans le cas où une donation feroit répudiée, & les parties remifes en conféquence dans leur premier état, le donataire, en rendant compte des dettes actives, & autres capitaux qu'il a reçus pendant fa jouiffance, ainfi que les paiemens par lui faits à la décharge des biens, fera affujéti aux mêmes règles & diftinctions établies par l'article précédent à l'égard des co-héritiers & des légitimaires, de manière que tout ce qu'il aura exigé ou payé pendant la dépréciation du papier-monnoie, fera foumis à l'échelle de proportion, à moins qu'il n'apparoiffe que les paiemens par lui faits ou reçus, l'ont été en efpèces métalliques. *Loi du 16 nivôfe an 6, art. XVII.*

Cette difpofition rentre dans les principes établis pour les comptables & adminiftrateurs, en général. *Voyez* COMPTABLES.

DOT. *Voyez* AVANTAGES MATRIMONIAUX & CONSTITUTION DOTALE.

———————

# DROITS SUCCESSIFS.

La vente de droits fucceffifs, ou toute autre efpèce de traités fur des droits & prétentions de même nature, ne font pas foumis à l'échelle de proportion, ce qui refte dû fur le prix doit en être payé en numéraire métallique : c'eft la décifion de l'art. XIV de la loi du 11 frimaire, en ces termes :

XIV. Les fommes dûes pour ventes de *droits fucceffifs*, ou en conféquence de traités, fur des droits & prétentions de même nature....., feront payées en numéraire métallique fans réduction.

*Voyez* VENTE DE DROITS SUCCESSIFS.

# DOUAIRE.

I. Le *douaire* éprouve une diminution en raifon de celle que la dot a fubie par l'effet de la loi du du 17 nivôfe an 3. *Voyez* AVANTAGES MATRIMONIAUX.

II. Il eft toujours préfumé avoir été conftitué, en confidération de la valeur de la dot. *Voy.* PRÉSOMPTION.

III. Quand leur acquifition a été faite à la charge d'un *douaire*, ce n'eft pas la date de la délégation qui détermine l'obligation de l'acquéreur, mais bien la date de la conftitution du *douaire*. *Voy.* DÉLÉGATION. N°. II. QUITTANCE, RÉSILIATION.

ÉCHÉANCE.

## ÉCHÉANCE. *Voyez* BAUX, RENTES.

Quand il est question de liquider les arrérages & intérêts échus, le mot *échéance* est ordinairement employé pour indiquer l'époque de *l'exigibilité* de la rente ou du loyer.

Mais cette expression a reçu une autre acception par les nouvelles lois ; quant aux liquidations d'arrérages *échus pendant le cours du papier-monnoie*, payables en *numéraire, sans réduction*, elles exigent que les arrérages soient calculés *de jour à jour*, & elles font, par conséquent, *de chaque jour* une *échéance particulière*.

Comme la loi du 15 pluviôse an 5 pouvoit laisser quelque incertitude sur ce mode de calcul, on a cru nécessaire de l'interpréter par une disposition *additionnelle*, ainsi conçue :

*Interprétant*, en tant que de besoin, le mot ÉCHU employé dans la loi du 15 pluviôse dernier, relativement au paiement des arrérages & intérêts, lorsqu'il s'agira de payer en *numéraire métallique sans réduction*, pour régler ce qui devra être ainsi payé, on comptera *jour par jour*, sans égard aux termes *d'échéance*, & sans déroger à ces termes pour l'époque des paiemens à venir. *Loi du 26 brumaire an 6, art. IX.*

F

# ÉCHELLE DE PROPORTION.

La première idée *d'échelle de proportion* se trouve dans un décret de la convention nationale, du 3 messidor an 3.

Il y aura dans les cas prévus par le présent décret, *une échelle de proportion* pour les paiemens & recettes, calculée sur le progrès de l'émission ou de la rentrée des assignats.

Ce décret n'a pas eu son exécution dans les *proportions* qui s'y trouvent indiquées ; il sert seulement à établir l'époque précise à laquelle les assignats ont légalement été dépouillés de leur *valeur nominale* pour être réduits à *la valeur d'opinion*. *Voyez* VALEUR D'OPINION ET VALEUR NOMINALE.

Ce procédé d'une *échelle de proportion* ou de réduction, calculée sur la *valeur d'opinion*, dans un temps ou des lois rigoureuses imposoient silence à cette *opinion*, & mettoient au rang des plus grands crimes la manifestation de la moindre différence entre les *deux signes monétaires*, présente, au premier abord, beaucoup de difficulté à vaincre. Mais la justice exigeoit une mesure quelconque pour régler les parties sur leurs *transactions* passées à cette époque ; & quelque imparfait que soit le moyen, il devenoit nécessaire pour éviter un plus grand mal. *Voyez* RÉDUCTION , TABLEAU DE DÉ-PRÉCIATION.

# ÈGALITÉ PARFAITE ( COUTUMES D').

On appelle coutumes d'*égalité parfaite*, celles qui assujétissent l'héritier à rapporter à la succession ce qu'il a reçu en *avancement d'hoirie*, lors même qu'il renonce à la succession, telles que les coutumes d'*Anjou*, du *Maine*, &c., à la différence des *coutumes* de *simple égalité*, qui dispensent l'héritier de *rapporter* quand il prend le parti de renoncer, telle que la coutume de Paris.

Cette observation est relative à l'article VI de la loi *additionnelle* du 16 nivôse an 6, ainsi conçue :

Il n'est rien innové par l'article XIII (de la loi du 16 nivôse) à la disposition des coutumes *d'égalité parfaite*, quant aux constitutions de dots qui ont eu lieu dans ces coutumes, antérieurement à la loi du 17 nivôse an 2. Elles seront en conséquence réductibles, de même que celles qui ont été faites dans les mêmes coutumes & ailleurs postérieurement, lorsqu'elles excéderont le montant d'une portion héréditaire sur les biens du constituant, au temps du contrat.

Le résultat de cet article, combiné avec l'article XIII de la loi du 16 nivôse, se réduit à ceci :

Lorsqu'un héritier présomptif a été, pendant le cours du papier-monnoie, doté d'une somme

quelconque en affignats, & non payée, il eft
en droit de l'exiger en *numéraire* valeur nominale,
& fans réduction. *Voyez* CONSTITUTION DOTALE.

La *réduction* n'aura lieu qu'autant que la dot
excéderoit la portion héréditaire du conjoint, fur
les biens du conftituant, & indépendamment de
cette *réductibilité*, la conftitution dotale eft encore
foumife à celle qui réfulteroit de la difpofition
des *coutumes d'égalité fimple* ou *d'égalité parfaite*,
auxquelles il n'eft pas dérogé. *Voyez* RAPPORTS DE
SUCCESSION.

# EMPLOI DES DENIERS DOTAUX.

## *Voyez* CONSTITUTION DOTALE.

Lorfqu'un mari a reçu, en *papier-monnoie*, le
rembourfement des fonds procédans du chef de
fa femme, & qu'il en a fait emploi en biens
immeubles, ces objets deviennent repréfentatifs
des deniers dotaux, & la femme ou fes héritiers
font tenus de les accepter en échange, lorfqu'il y
a ouverture à la liquidation des reprifes matrimoniales.

Si cette acquifition eft devenue avantageufe à la
femme, & qu'elle fe trouve d'une valeur fupérieure
à fes droits, le bénéfice tourne au profit de la
femme ou de fes héritiers : c'eft la difpofition de
l'article XV de la loi du 16 nivôfe an 6, en ces
termes :

Le bénéfice de *l'emploi* ou du *remploi*
appartiendra à la femme.

Mais le même article réduit cette difpofition, au cas feulement où les maris auroient été tenus de faire emploi ou remploi, foit d'après la loi du pays, foit d'après leurs obligations particulières.

Dans les pays *feulement*, & dans les cas où ils y étoient foumis. *Ibid.*

D'où l'on peut conclure que dans les cas où cet *emploi* n'étoit pas *obligé*, l'efprit de la loi eft que le mari ait fa part dans l'*excédant*.

Cette difpofition donne lieu à deux queftions :

D'abord, dans les cas où le *remploi* eft d'obligation, foit à raifon de la *coutume*, foit par une ftipulation du contrat de mariage, le *remploi* ne tourne au profit de la femme qu'autant qu'il a été accompagné des *trois conditions* fuivantes :

1°. Que le contrat contienne une déclaration formelle que l'*acquifition* fe fait *des deniers de la femme ;*

2°. Qu'il contienne également la *déclaration* que l'acquifition eft deftinée à repréfenter *les deniers*, & accomplir l'obligation de l'*emploi* ou du *remploi*, pour lui tenir *même nature de propre.*

3°. Enfin, il eft néceffaire que la femme intervienne au contrat pour *accepter l'emploi*, ou au moins qu'elle *le ratifie* durant le cours du mariage.

L'omiffion d'une feule de ces formalités, enlève à la femme l'avantage de la fubrogation.

L'immeuble acquis des deniers de la femme

devient *conquet de communauté*, & le droit de la femme se réduit à une créance *hypothécaire* sur ce même objet, comme sur les autres biens de son mari, sans *privilège* ni *préférence*.

On peut demander si ces conditions sont abrogées par l'article XV de la loi du 16 nivôse, qui déclare que le *bénéfice de l'emploi ou du remploi tournera au profit de la femme?* La loi entend-elle faire résulter cette *subrogation* du seul fait que le bien a *été acquis des deniers de la femme?* Et dans ce cas, si la déclaration n'en a pas été faite au contrat d'acquisition, la femme ou ses héritiers auront-ils la faculté d'en faire la preuve ?

En second lieu, en supposant l'*emploi* effectué avec toutes les formalités requises, la subrogation n'est-elle acquise à la femme qu'autant qu'il y auroit du *bénéfice* pour elle ?

Seroit-ce ainsi qu'il faudroit entendre cet article qui n'applique à la femme que le *bénéfice*, sans y comprendre la chance de la *perte?* Cependant, lorsqu'une fois la *subrogation* est opérée à la suite d'un *emploi* régulier, le sort de l'*immeuble subrogé* court au risque, péril & fortune de la femme; sa valeur croît ou se dégrade pour son compte; & c'est à son profit, comme à son dommage, que la chance des évènemens se développe.

Ce principe est-il aboli par l'art. XV de la loi du 16 nivôse? Ou bien s'y trouve-t-il implicitement conservé ? c'est ce qu'il est difficile de décider affirmativement.

*Troisièmement*, l'article ne parle que du cas où le mari se trouve *obligé à l'emploi des deniers de sa femme*, soit par le vœu de la coutume, soit par sa *soumission* particulière ; mais que dire & que résoudre pour le cas où, *sans y être obligé*, il auroit fait un *emploi* accompagné des trois conditions nécessaires, pour effectuer une *subrogation* ?

La loi du 16 nivôse entend-elle, qu'en ce cas, le *bénéfice* de la subrogation sera partagé avec le mari ? Regarde-t-elle cette acquisition comme un *conquet de communauté*, par cela seul que le mari n'étoit pas obligé à faire cet *emploi* ? c'est le sens que présente naturellement cette disposition :

*Dans les pays SEULEMENT & dans les cas où ils y étoient SOUMIS, & dans ce dernier cas, le BÉNÉFICE de l'emploi ou du remploi appartiendra à la femme.*

Ainsi, le *bénéfice* du *remploi* ne sera acquis exclusivement à la femme, suivant cet article, qu'autant qu'il auroit été fait dans *les pays* & *dans les cas* où le mari étoit *soumis* ( à cet emploi ).

Ce terme *seulement* établit bien l'exclusion de tout autre cas, & singulièrement du cas où l'*emploi* auroit été fait par un mari qui *n'y étoit pas obligé*.

Mais, d'un autre côté, il est impossible de concilier cette explication avec les principes reçus en matière *de subrogation*, qui ne permettent pas au mari d'entrer en partage dans le *bénéfice* d'un bien acquis à sa femme ; & il est difficile de croire que l'intention de cet article ait été de renverfer ces principes.

Ce n'eft, fans doute, qu'un vice de rédaction, auquel il fera facile de remédier par un *article additionnel. Voyez* INTERPRÉTATION.

## EMPRUNT POUR SE LIBÉRER.

I. Il eft arrivé à plufieurs débiteurs d'emprunter des affignats pour rembourfer leurs créanciers d'anciennes dettes contractées en numéraire, de manière qu'entre les mains de ces emprunteurs, le papier - monnoie avoit le même effet que les écus.

Sur quoi, on a demandé fi ceux qui avoient prêté les affignats, n'étoient pas en droit de prétendre leur rembourfement en numéraire, fur le motif que les affignats avoient fait l'office de numéraire, à l'égard des emprunteurs. Parmi les prêteurs d'affignats, il s'en trouvoit beaucoup qui avoient eu la précaution de fuivre l'emploi de leur prêt, & de fe faire donner une fubrogation aux droits du créancier rembourfé; & alors ils prétendoient que repréfentant le créancier originaire, ils devoient jouir de la même prérogative.

II. Il y avoit beaucoup de chofes à dire pour & contre, à ce fujet; mais la loi du 11 frimaire an 6 a décidé la queftion en faveur des emprunteurs, & a refufé aux prêteurs d'affignats le droit d'être rembourfés en numéraire.

Quand le débiteur aura emprunté une somme en papier-monnoie, pour se libérer envers un ancien créancier, le capital ainsi prêté sera soumis à *l'échelle* de réduction, du jour de la nouvelle obligation, sans que le nouveau créancier, qui en a fourni le montant, puisse se prévaloir, quant à ce, de la subrogation aux droits, ainsi qu'à l'hypothèque ou au privilége de l'ancien créancier qui a été remboursé de ses deniers. *Loi du 11 frimaire, art. X.*

*Voyez* DÉLÉGATION, OBLIGATION.

## ENDOSSEMENS.

L'*endossement* d'effets négociables durant le cours du papier-monnoie pouvoit donner lieu à une difficulté au sujet de la *réduction*.

Le débiteur n'auroit pas manqué d'opposer au porteur, qu'il falloit faire la réduction à partir du jour de la date de l'endossement, & non d'après la date de l'*effet*; par exemple, j'ai souscrit en 1789 au profit de *Paul* un billet à ordre de 600 liv. payable en 1793; assurément si ce billet n'est pas sorti des mains de Paul, il n'y aura pas le moindre doute que je dois lui rembourser les 600 liv. en argent; mais si depuis, ce billet est tombé de mains en mains, à l'aide de divers endossemens, dont le dernier, au profit de Pierre, est daté du premier germinal an 4; alors ne puis-je pas dire à Pierre: « l'endossement

» qui vous a été passé le premier germinal an 4,
» ne vous transmettoit qu'une valeur infiniment au-
» dessous de 600 liv. numéraire. Il est évident que
» vous n'avez fourni à mon créancier originaire
» qu'une valeur de 600 liv. assignats, au cours de
» la place ; je vais donc vous payer ces 600 liv.
» sur l'échelle de réduction, c'est-à-dire comme vous
» les avez vous-même données ».

Cette difficulté a été prévue & rejettée par la loi du 11 frimaire, qui s'exprime ainsi :

La réduction ci-dessus n'est pas applicable aux endossemens d'effets négociables. Art. XI.

Après avoir indiqué d'autres cas de la même nature, la loi ajoute :

Dans tous ces cas, & sauf les exceptions légales, les cessionnaires ou délégataires pourront faire valoir en entier les droits des cédans ou délégans, contre les débiteurs cédés ou délégués. Art. XI.

*Voyez* CESSION & TRANSPORTS, DÉLÉGATION, SUBROGATION.

# ENGAGEMENS DE COMMERCE.

*Voyez* ASSOCIÉS, DÉPÔTS, OBLIGATIONS, VENTES MOBILIAIRES.

Les engagemens de commerce foufcrits, à quelque titre, pour quelque caufe & à quelque terme que ce foit, au profit de tierces perfonnes, pendant la durée de la dépréciation du papier-monnoie, & dont le montant fe trouve encore dû, feront foumis en tout point aux règles établies pour les obligations ordinaires, furvenues pendant le même intervalle, quant à la réduction des capitaux en numéraire métallique, & aux délais des paiemens. *Loi du 16 nivôfe an 6, art. XXI.*

Il réfulte de cet article, qu'il n'y a pas de différence entre les effets négociables & les obligations ordinaires, & que le même régime eft applicable aux uns comme aux autres ; ce qui femble contenir une contradiction avec l'art. XV de la loi du 11 frimaire an 6.

En effet cet article porte: que ceux qui ont foufcrit des *engagemens* pour vente ou fournitures de marchandifes, font tenus de les folder en *numéraire*, fuivant la valeur nominale de l'obligation, à moins qu'ils ne préfèrent de payer fuivant l'eftimation de la valeur numéraire de ces marchandifes à l'époque de l'engagement.

Or, l'on voit qu'il n'eſt pas là queſtion de *tableau de dépréciation*. Donc, il eſt trop général de dire que tous les *engagemens* de commerce doivent être acquités ſuivant les règles établies pour la réduction.

Il eût été plus exaċt d'ajouter, ſauf le cas énoncé dans l'art. XV de la loi du 11 frimaire an 6, concernant la vente de denrées & marchandiſes.

Il faut donc ſuppléer cette exception *ſous-entendue*, dans les comptes qui auront lieu en matière commerciale.

## ESTIMATION.

*Voyez* ALIÉNATION D'IMMEUBLES, EXPERTISE.

I. L'*eſtimation* eſt un procédé fréquemment employé par les lois ſur les *tranſactions entre particuliers*.

Elle a ſervi à régler les droits des propriétaires & des fermiers, pour les *fermages* échus entre la ſuppreſſion du *maximum* & la loi du 5 thermidor an 4.

Les *differends* qui s'élevent entre aſſociés pour vente de fonds, ou de part de commerce pendant le cours du papier-monnoie, ſont livrés à la voie de l'*eſtimation. Voyez* ASSOCIÉS.

C'eſt encore l'*eſtimation* qui termine les conteſtations relatives aux ventes de *matières d'or & d'argent, denrées, grains & autres marchandiſes mobiliaires*, dont le prix reſte dû en tout ou partie. *Voyez* VENTE MOBILIAIRE.

Enfin, l'*échelle de réduction* n'eſt elle-même qu'une

*estimation* de la *valeur nominale* comparée avec la *valeur d'opinion.*

II. Mais, c'est sur-tout à l'égard des immeubles vendus pendant le cours du papier-monnoie, que la voie de l'*estimation* présente beaucoup d'intérêt ; puisque, d'un côté, l'*estimation* est en pareil cas la règle irrécusable des juges, & que de l'autre, une *estimation* défectueuse ou infidelle, peut devenir la source des plus grandes injustices.

Il est donc important d'avoir sous les yeux le texte de la loi qui indique aux experts les bases de leur estimation.

Vérifieront & estimeront la valeur réelle que l'immeuble vendu pouvoit avoir en numéraire métallique au temps du contrat, eu égard à son état, à la même époque, & d'après la valeur ordinaire des immeubles de même nature dans la contrée. *Loi du 16 nivôse an 6, art. III.*

III. Il se trouvera une infinité d'occasions où il sera difficile aux experts de se conformer à ces *instructions :* je vais reprendre l'article dans chacune de ses dispositions.

*Ils vérifieront & estimeront* LA VALEUR RÉELLE *que l'immeuble vendu pouvoit avoir en numéraire métallique au temps du contrat.*

*Observation ;* l'époque indiquée pour servir à l'*estimation* est conforme aux principes admis de tout temps en pareille matière ; *le temps de la vente* ; c'eſt le moment que les experts doivent conſidérer pour aſſeoir leur déciſion, & chercher la *valeur réelle* de l'objet vendu.

IV. *Eu égard à ſon état à la même époque.*

Voilà encore une diſpoſition qui ſe comprend aiſément, & qui peut ſe prêter à une exécution facile ; les experts doivent tenir compte dans leurs *calculs* des embelliſſemens & augmentations qui ſont ſurvenus depuis l'acquiſition, comme auſſi des dégradations qui auroient été commiſes ; les experts ſont habitués à faire cette diſtinction par l'inſpection des objets, la communication des titres, les obſervations des parties intéreſſées & des informations priſes ſur les lieux.

V. *Et d'après la valeur ordinaire des immeubles de même nature, dans la même contrée.*

C'eſt ici que commence la difficulté de l'opération.

*La valeur ordinaire des immeubles ;* d'abord, on peut dire que depuis le premier janvier 1791 il n'a jamais exiſté de *valeur ordinaire* en numéraire, des immeubles conſidérés ſous leur rapport avec la vente.

Cette valeur éprouvoit toujours une fluctuation journalière ſubordonnée aux évènemens politiques, & qui s'oppoſoit à un ſyſtême uniforme de vente ; c'eſt donc une tâche très-pénible pour les experts d'aller à la découverte de cette *valeur ordinaire.*

Mais il y a plus, c'eſt qu'il y a un intervalle

de près de deux ans durant lequel il n'eſt pas permis d'aſſigner aux immeubles un *valeur ordinaire* & habituelle en *numéraire* ; je veux parler de l'époque où l'uſage & la ſtipulation du *numéraire* étoient interdits ſous les peines les plus rigoureuſes.

Certes, pendant cet intervalle on ne rencontrera aucun acte *authentique* de vente en numéraire. Quels renſeignemens les experts pourroient-ils donc conſulter pour obtenir le taux de la *valeur ordinaire* d'un bien qui *légalement* n'en devoit avoir aucune? Il faudroit donc avoir recours à des ventes & à des ſtipulations *furtives*; mais, 1°. il eſt douteux qu'il ſe trouvât une *ſérie* de *révélations* de cette eſpèce, aſſez nombreuſe pour établir une *valeur ordinaire*.

2°. Ces *confidences* ne ſeroient encore que des renſeignemens équivoques, incapables de mériter une foi entière; la déciſion des experts doit s'appuyer ſur des *actes publics*, & non ſur des *écrits* ou des *aveux particuliers*, ſuſceptibles de fraude & d'infidélités.

3°. Et enfin, comme nous l'avons déjà obſervé ( *Voyez* ACTE DE NOTORIÉTÉ. ), il nous paroît peu convenable d'offrir à la juſtice pour baſe de ſes jugemens une *ſérie* d'opérations qui auroient été autant d'infractions à la *loi* du moment.

VI. *Autre obſervation.* La loi détermine la valeur des biens d'après la *valeur ordinaire* de biens de la même nature dans la même contrée. J'ai déjà ( au *mot* CONTRÉE ) indiqué l'équivoque qui reſtoit ſur les caractères qui constituoient une *contrée*; ce terme générique est susceptible d'une *acception*, que les parties ne manqueront pas de *restreindre* ou d'*étendre* au gré de leur intérêt, ce qui pourra souvent donner quelque embarras aux *experts* & aux *juges*.

Il est à présumer que quelque *loi additionelle* viendra soulager cette incertitude, en établissant d'une manière plus détaillée les moyens & les bases de l'*estimation* des biens immeubles soumis à la réduction ; & la multiplicité des recours en *rescision* pour cause de *lésion*, rend cette mesure indispensable.

En attendant ce développement, c'est sur la prudence & sur l'équité des *experts* que repose le sort des parties ; & il y a lieu d'espérer qu'il rempliront avec scrupule & sagacité cette espèce de *magistrature* qui leur est déléguée par la *loi*.

VII. Ce qu'il y a seulement à craindre, c'est de voir les *experts*, faute d'un *régulateur commun*, adopter dans leurs opérations une variété de procédés, qui produira ensuite une dissonance fâcheuse & des résultats contradictoires, lorsqu'en pareille matière il seroit à desirer qu'il y eût un plan uniforme d'*estimation* qui servît à éclairer d'avance les parties sur leurs *droits* & leurs *obligations*.

On ne peut point attendre des experts qu'ils apportent dans leur *estimation* une précision *mathématique* ; tout ce qu'on peut exiger se réduit à une *évaluation approximative*.

VIII. Entre plusieurs procédés praticables pour y parvenir ,

parvenir, il en eſt un que j'ai vu adopter avec ſuccès dans les *tranſactions* & dans *les arbitrages*, & qui a preſque toujours donné un *réſultat* ſatiſfaiſant.

C'eſt d'abord de s'attacher à la *valeur* que l'objet avoit en 1790, valeur d'autant plus facile à conſtater, qu'à cette époque, rien ne s'oppoſoit à la *notoriété* de la vente & du *prix*.

Cette connoiſſance étant obtenue, on en diminue un vingtième par chaque année, à dater du premier janvier 1791.

Exemple : une terre valoit en 1790 100,000 liv. en 1791 elle perdoit un vingtième,
& ne valoit plus que.................95,000
   1792 ( an 1. )...................90,000
   1793 ( an 1 & 2. )............85,000
   1794 ( an 2 & 3. )............80,000
   1795 ( an 3 & 4. )............75,000
   1796 ( an 4 & 5. )............70,000

Or, l'évaluation de 70,000 liv. en numéraire pour la fin de l'an 4, repréſente aſſez bien la *valeur réelle* d'un domaine à cette époque, eu égard à la rareté du numéraire.

On peut adapter le même procédé aux maiſons de ville & de campagne, avec cette différence, qu'il faudroit alors que la diminution annuelle & progreſſive fût d'un dixième au lieu d'un vingtième, attendu que cette eſpèce de biens ne s'eſt pas auſſi bien maintenue dans ſa valeur que les *terres*.

G

**IX.** Au surplus cette hypothèse n'est ici proposée que pour *exemple*, sans entendre la faire prévaloir sur toute autre qui seroit jugée plus exacte. *Voyez* LÉSION, RESCISION.

# EXÉCUTEUR TESTAMENTAIRE.

La question s'étant élevée de savoir, si la loi du 15 germinal an 4 concernant la restitution *des dépôts en nature*, s'appliquoit aux *exécuteurs testamentaires*, elle a été résolue contre ceux-ci, en ces termes :

L'art. XI de la loi du 15 germinal an 4, qui porte que tout dépôt sera rendu *en nature*, est applicable *aux exécuteurs testamentaires* restés saisis de sommes ou de meubles appartenant à la succession qu'ils ont gérée. *Loi du 7 nivôse an 5, art. I.*

# EXPERTISE.

*Voyez* ESTIMATION D'IMMEUBLES.

**I.** C'est une mesure adoptée par la loi du 16 nivôse an 6, pour déterminer la réductibilité du prix d'un immeuble acquis en papier-monnoie ; rien n'est laissé, à cet égard, à l'arbitrage des tribunaux ; si la voie de la conciliation a échoué, les juges sont obligés de renvoyer à des *experts*.

Pour déterminer la réduction lorsqu'elle devra avoir lieu, soit sur la totalité du prix, ſi elle eſt encore dûe, ſoit ſur la portion reſtante, les parties feront, en cas de non conciliation, renvoyées à des experts, &c. *Loi du 16 nivôſe, art. III.*

La loi n'entrant dans aucun détail ſur le mode de cette *expertiſe*, il en faut conclure qu'elle le ſoumet aux règles adoptées dans les tribunaux, & preſcrites par les anciennes ordonnances ſur la nomination, la preſtation de ſerment, la rédaction & le dépôt du rapport, les récuſations, &c. Néanmoins il peut encore, dans cette hypothèſe, ſubſiſter pluſieurs incertitudes.

D'abord, la loi charge l'acquéreur des frais de la première *expertiſe*, ce qui ſuppoſe le cas d'une *ſeconde ;* mais elle ne s'explique pas ſur la circonſtance qui donnera ouverture à cette ſeconde *expertiſe ;* il faut entendre, ſans doute, que ce ſera la diſcordance des experts ſur l'évaluation de l'objet.

Cette différence d'avis autoriſeroit la nomination d'un *tiers expert ;* ce ſecond rapport aux frais de qui ſera-t-il ? Il faut croire que le vœu de la loi eſt que l'excédent des frais ſoit partagé entre les parties ; ſauf le cas où il y auroit eu de la part de l'acquéreur des *offres jugées ſuffiſantes.*

2°. Cet article impoſe à l'acquéreur l'obligation *de faire procéder au rapport des experts dans quatre décades pour tout délai, ſous peine des dommages & intérêts du vendeur.* Mais, dépend-il donc de l'acquéreur de faire *procéder à un rapport d'experts* dans un

délai indiqué ? Une foule de circonſtances peut s'oppoſer à l'exécution de cette formalité ſans qu'il y
ait aucun reproche à faire à l'acquéreur ; l'obligation qui lui eſt ici impoſée ſous peine de *dommages
& intérêts*, ſe réduit donc à faire *dans le délai de
quarante jours qui ſuivront la ſignification du jugement
interlocutoire*, acte de *diligence* pour effectuer l'*expertiſe*, après quoi il ceſſe d'être reſponſable des retards
ultérieurs.

Bien entendu encore qu'il ſera libre au vendeur
d'activer de ſon côté l'opération par tous les moyens
de procédures qui ſont à ſa diſpoſition.

II. Ce qui vient d'être dit ci-deſſus, ne concerne
que le mécaniſme de l'*expertiſe* ; à l'égard des principes qui doivent guider les experts dans leur évaluation, & des baſes qu'ils doivent adopter, *voyez*
ESTIMATION.

FERMAGES. *Voyez* BAUX, DÉLAI.

# FONDS DE COMMERCE.

*Voyez* VENTE DE FONDS DE COMMERCE.

La vente d'un *fonds de commerce*, ne soumet pas le vendeur à l'*échelle de proportion*; mais la loi laisse à l'acheteur la faculté de ne payer que suivant l'*estimation* de la valeur numéraire au temps de la vente.

# FRAIS DE PROCÉDURES.

Les sommes dûes pour émolumens & salaires, tant des greffiers, que de tous officiers ministériels, lorsqu'ils auront été taxés d'après les anciens réglemens, seront payés en numéraire métallique, sans réduction. *Loi du 11 frimaire an 6, art. XIV.*

# GAGES ET SALAIRES.

L'article XIV de la loi du 11 frimaire an 6, déclare que :

Toutes les fommes dûes pour *gages & falaires de domeftiques*, autres que ceux qui ont été fixés en papier-monnoie, feront payés en *numéraire métallique*, fans réduction.

Cette difpofition s'applique fpécialement aux *gages & falaires* échus antérieurement à l'introduction du papier-monnoie, avant leur difcrédit, & qui ont continué fur le même pied pendant le cours du papier.

Mais, pour les *gages & falaires* qui ont été réglés pendant le cours du papier-monnoie, ils font, de droit, réductibles, fuivant l'*échelle de proportion*.

Néanmoins il peut réfulter de-là un inconvénient que la loi n'a pas prévu, & qui embarraffera quelquefois les tribunaux.

Tel domeftique qui gagnoit 150 liv. de *gages* dans une maifon, avant le premier janvier 1791, a cru faire un grand bénéfice en obtenant une augmentation confidérable en *papier-monnoie;* mais fi fes *gages* ont été arriérés, & qu'il foit queftion de les régler aujourd'hui par l'échelle de proportion, il s'en faudra beaucoup qu'il y trouve de l'avantage.

Par exemple : au mois de prairial an 3, Jacques, qui ne gagnoit, en 1789, que 150 l., a obtenu une augmentation de gage de 800 l.; si cette année est restée en arrière, il ne lui reviendra pas 24 liv. numéraire, somme beaucoup au-dessous de ce qu'il auroit droit d'attendre ; il semble qu'il y aurait eu quelque justice à établir *un moyen terme* pour les cas de cette espèce, en fixant un *minimum* auquel la réduction viendroit s'arrêter.

## GAIN DE SURVIE.

On comprend sous le nom de *gain de survie*, l'augment de dot , le douaire, le préciput, & tous les avantages que les époux ont stipulés au contrat de mariage, en faveur du survivant , tels que l'augment de dot , le douaire, préciput, &c.

Ces avantages étant présumés avoir été déterminés sur la dot de celui au profit duquel ils sont stipulés, ils éprouvent une dégradation proportionnée à celle que subit la dot elle-même. *Voyez* AVANTAGES MATRIMONIAUX. N°. II. CONSTITUTION DOTALE.

## GARANTIE.

Les *garants* ont-ils le droit d'offrir la *réduction*, au lieu & place du *garanti* qui négligeroit cette mesure ? *Voyez* REMBOURSEMENT.

# HÉRITIERS.

Les héritiers du mari peuvent-ils entrer en participation du *bénéfice* sur les immeubles acquis par lui, avec *les deniers dotaux* de la femme, lorsque *la déclaration d'emploi* ou de *remploi* n'a pas été faite dans les formes prescrites? *Voyez* EMPLOI.

Les héritiers de la femme sont-ils fondés à répudier l'immeuble acquis des *deniers dotaux* de la femme, lorsque cette acquisition leur présenteroit de la perte? *Voyez ibid.*

## HYPOTHÈQUE. *Voyez* RÉSILIATION.

Lorsqu'un acquéreur à *charge de rente viagère*, préfère de *réfilier* la vente, en acquittant les arrérages échus, aux termes de l'article VII de la loi du 16 nivôse, que deviennent les *hypothèques* dont l'immeuble a été grévé pendant la possession précaire de l'acquéreur?

La vente *réfiliée* doit-elle être considérée comme une *rétrocession* qui exige des *lettres de ratification?* ou bien le *vendeur* reprend-il le bien, *libre* & *quitte* de toutes *charges?*

*Voyez* RÉSILIATION.

# INDICATION DE PAIEMENS.
## *Voyez* DÉLÉGATION.

***

## INTERPRÉTATION.

L'empreſſement avec lequel le public attendoit des lois ſur les *tranſactions entre particuliers*, n'a pas permis au corps légiſlatif de donner à ces lois les *développemens* de détail, néceſſaires pour prévenir toutes les difficultés. Pluſieurs d'entr'elles ne font que préſenter les baſes & les élémens de cette légiſlation, & laiſſent des doutes & des incertitudes qui ſe diſſiperont, ſans doute, par des lois interprétatives, à meſure que les circonſtances les exigeront.

Entre les articles qui auroient beſoin d'éclairciſſemens, ont peut d'avance indiquer ceux qui ſuivent :

1°. L'article VI de la loi du 16 nivôſe ne déclarant pas le *délai* dans lequel le débiteur ( pour *cauſe d'aliénation d'immeubles*) eſt tenu de faire le rembourſement, faut-il entendre qu'il ſera tenu de l'effectuer *ſans délai ?*

Et, dans le cas où il auroit droit de jouir d'un *délai*, lequel des *deux délais* faut-il lui appliquer, ou celui d'un *an*, autoriſé par l'art. VIII de la loi du 15 fructidor an 5, ou bien celui indiqué par les articles V & X, avec le bénéfice de la prorogation, autoriſé par l'art. XVIII de la même loi ?

2°. La *peine de déchéance* prononcée par l'art. **V** de la loi du 11 frimaire, s'applique-t-elle à l'art. **II** de la loi du 16 nivôse, qui ne fait pas mention de la *déchéance?* & en général la peine de la *déchéance* doit-elle se sous-entendre dans toutes les dispositions qui n'en parlent pas? ou bien, au contraire, doit-elle être restreinte aux cas qui l'indiquent *nominativement?*

3°. L'article **XV** de la loi du 16 nivôse, concernant la restitution des *reprises matrimoniales*, a-t-il l'effet de supprimer & d'abolir les règles généralement admises jusqu'à présent sur l'*emploi* ou le remploi des deniers dotaux? *Voyez* EMPLOI.

4°. Comment entendre cette disposition de l'article **VII** de la loi du 11 frimaire an 6, qui, après avoir exigé du débiteur d'une obligation pour simple prêt, qu'il offre de payer au taux de cinq pour cent, les intérêts échus ou à écheoir du capital réduit, ajoute ceci : « *& ce suivant le mode de paie-* » *ment qui sera établi pour les intérêts & pensions, par* » *une loi particulière?* »

Depuis cette époque, aucune loi particulière n'a été établie à ce sujet : le débiteur & le créancier doivent-ils suspendre leurs opérations jusqu'à l'émission de cette *loi promise?*

Mais, d'un autre côté, comment concilier cette expectative d'une *loi nouvelle & particulière au paiement des intérêts & pensions*, quand cette loi se trouve déjà rendue plus de deux mois auparavant, en ces termes?

Les intérêts & arrérages de rentes perpétuelles & viagères & de penſions, quelle
que ſoit leur origine, ſeront payés, &c. *Loi
du 26 brumaire an 6, art. II & ſuivant.*

N'y a-t-il pas une contradiction à promettre une
loi qui exiſte déjà ? ou voudroit-on, par cette diſpoſition, *l'abroger* tacitement ?

Enfin, n'eſt-il pas beſoin d'un *article additionnel*
qui lève cette diſcordance de diſpoſition, en expliquant ſa vraie cauſe (1) ?

---

( 1 ) Ce n'eſt qu'une apparence de contradiction, qui
n'a rien de réel, & qui ſe comprend par une légère explication.

Ce n'eſt pas la loi du 16 nivôſe, qui énonce cette expectative d'une loi à faire ſur le paiement des intérêts &
penſions ; c'eſt la réſolution du *28 vendémiaire*, qui a pris
la date du 16 nivôſe, parce que c'eſt l'époque à laquelle
cette réſolution a reçu le caractère de LOI, par l'approba-
tion du *conſeil des anciens*. Or, au *28 vendémiaire*, la loi
*particulière ſur le paiement des intérêts & penſions* n'étoit pas
encore portée ; & elle n'a eu lieu qu'un mois après ( le
26 brumaire ). Il n'y a donc rien d'étonnant, que la réſolution du *28 vendémiaire* ſe ſoit énoncée comme elle l'a
fait ; la diſſonance ne s'eſt montrée, qu'en raiſon de la *ſanc-
tion du conſeil des anciens*, qui étant poſtérieure à la loi
du 26 brumaire, jette quelque obſcurité, en ſuppoſant
l'inexiſtence de cette loi.

Cette obſervation, qui eſt ſuffiſante, ſans doute, pour
diſſiper l'équivoque dont il s'agit, n'empêche pas qu'il ne
ſoit néceſſaire de recourir à un *article additionnel*, qui déclare que l'objet indiqué par l'article VII de la loi du 16
nivôſe, ſe trouve rempli par les articles III & ſuivant de
la loi du 26 brumaire an 6.

5°. L'action en *rescision* pour cause de *lésion* ayant été consacrée & confirmée à plusieurs reprises, par les nouvelles lois ( pour les ventes antérieures au 14 fructidor an 3 ) , quelle est la base que les experts doivent adopter dans leurs *estimations*, & les tribunaux dans leurs jugemens ? Puisque la loi a rétabli *l'action*, il est indispensable qu'elle en facilite l'exercice, ce qui ne peut s'obtenir que par une loi complémentaire qui établira un régulateur uniforme dans cettte matière, & qui l'arrachera à l'arbitraire des opinions. *Voyez* ESTIMATION, LÉSION.

6°. L'article III de la loi du 16 nivôse, semble constituer les experts seuls juges de la *réductibilité* dont l'immeuble vendu, & non payé, est susceptible, de manière qu'il ne resteroit plus aux juges qu'à prononcer la *réduction*. Mais n'est-ce pas aussi l'intention de la loi de laisser, sur cet article, quelque *latitude* aux tribunaux, pour juger eux-mêmes de certaines *réductibilités* qui seroient de leur compétence, plutôt que de celle des experts ? Par exemple, quand il s'agit de la vente de la *nue propriété* seulement d'un domaine, avec réserve d'*usufruit*, l'évaluation de cet *usufruit*, eu égard à l'âge & à la situation du vendeur, est un point de jurisprudence, plutôt que d'*expertise ;* mais il n'y a qu'une loi *interprétative* qui puisse éviter toute discussion à cet égard, en posant bien la ligne de démarcation.

7°. L'art. VI de la loi du 16 nivôse, impose au débiteur l'obligation d'offrir les *arrérages* d'intérêt du prix ou de la portion du prix *réductible* dont il se trouvera débiteur ; cette distinction entre le prix *réductible* & le *capital réduit*, est-elle introduite dans l'intention de faire payer à l'acquéreur les intérêts échus, à cinq pour cent numéraire, sur le pied de la *valeur nominale* du prix assignats ? ou bien ces intérêts échus du prix *réductible*, sont-ils aussi susceptibles de réduction suivant l'échelle de dépréciation ? *Voyez* ci-dessous INTÉRÊTS.

8°. Les diverses dispositions qui concernent les *départemens réunis & la ci-devant Belgique*, au sujet des contrats passés durant la *dépréciation du papier-monnoie*, exigent encore un *article additionnel*. *Voyez* DÉPARTEMENS RÉUNIS.

## INTÉRÊTS. *Voyez* DÉLAIS, OBLIGATION.

I. Il y a deux circonstances dans lesquelles la loi a établi un *cours forcé d'intérêts* contre le débiteur.

D'abord, quand le débiteur use du bénéfice de l'art. VIII de la loi du 15 fructidor, au sujet des *délais* accordés pour le remboursement des obligations *antérieures à la publication de la loi du 5 thermidor an 4*, il ne peut obtenir ce délai qu'à la charge des *intérêts*.

Les tribunaux, tant de première instance que de cause d'appel, pourront accorder au débiteur dont l'obligation est antérieure à la publication de la loi du 5 thermidor an 4, un délai, &c., mais à la charge par le débiteur de payer *l'intérêt* de fa dette pendant la durée du délai. *Loi du 15 fructidor an 5, art. VIII.*

II. Il y a également un *cours forcé d'intérêts* contre le débiteur qui réclame le bénéfice de la *réduction*, avec les *délais* qui y font attachés, pour le remboursement, quand même le titre obligatoire n'auroit pas ftipulé d'*intérêts*.

Les réductions qui feront requifes & ordonnées en exécution des articles IV & V ci-deffus, ne pourront l'être qu'à la charge par le débiteur de payer au taux de 5 pour 100, *les intérêts* échus & à écheoir du capital réduit ..., ce qui aura lieu quand même, en confidération des termes ou autrement les *intérêts* du *capital* fourni en papier-monnoie auroient été ftipulés à des taux inférieurs, ou même qu'il n'en auroit été ftipulé *aucun. Loi du 11 frimaire, art. VII.*

III. Mais faut-il adopter les mêmes calculs pour les *arrérages d'intérêts*, provenant de l'*aliénation des immeubles ?* Depuis la loi du 16 nivôfe il s'eft élevé une difficulté à cet égard, & dans plufieurs *liquidations* les vendeurs ou leurs héritiers ont prétendu que l'art. VI de cette loi foumettoit l'acquéreur à payer *les intérêts échus* fur le pied du prix *réductible.*

Quoique ce fyftême foit intolérable par les

abſurdités qu'il entraîne avec lui, il eſt néanmoins à propos de l'expoſer ici avec toutes ſes forces, ne fût-ce que pour en amener enſuite une réfutation plus ſolide.

Ce ſyſtême, donc, conſiſte à prétendre que les *ventes d'immeubles* engendrent un *intérêt* baſé ſur un capital différent; & qu'au lieu du *capital réduit*, c'eſt le *capital réductible* qu'il faut conſulter pour établir les cinq pour cent en *numéraire*.

L'acquéreur ne pourra, au ſurplus, demander la réduction autoriſée par les articles II & III, qu'aux conditions ſuivantes :

2°. De payer aux taux de *cinq* pour *cent* les arrérages d'intérêts du prix, ou *de la portion du prix RÉDUCTIBLE* dont il ſe trouvera débiteur, &c. *Loi du 16 nivôſe, art. VI.*

Ainſi, la loi introduit ici une *diſtinction* bien prononcée entre le capital *réduit* & le capital *réductible*, car il eſt difficile de croire que cette expreſſion *réductible* ait été employée ſans intention, d'où il réſulte que le calcul des *intérêts* échus doit ſe faire de la manière ſuivante :

Eſpèce. J'ai acquis, en 1793, un domaine pour le prix de 200,000 liv. *aſſignats*, dont j'ai payé, ſur-le-champ, moitié; l'autre moitié reſte due.

Outre cette portion du prix réductible, je fuis arriéré de quatre années d'*intérêts*.

Combien dois-je ?

Le réfultat de l'expertife a porté ce domaine à le valeur nominale de 48,000 liv.

Après ces circonftances, il faut faire deux opérations ; l'une pour la réduction *du capital en numéraire ;*

L'autre pour la fixation des *intérêts échus.*

### Première opération.

Le prix originaire étant de 200,000 liv. affignats, fur lequel j'ai payé moitié ;

Je ne dois plus que moitié du prix *capital réduit.*

Ce prix étant de 48,000 liv., ma dette, pour la moitié, eft de 24,000 liv.

### Deuxième opération, relative aux intérêts.

Le prix *réductible* étoit originairement de 200,000 l. *affignats*, & le paiement de la moitié l'ayant rabaiffé à moitié, le prix réductible eft de *cent mille livres.*

C'eft cette *portion du prix réductible* qui doit, aux termes de l'art. VI, fervir de bafe aux *intérêts*, à raifon de cinq pour cent.

Donc, pour les quatre années échues, les *intérêts* forment un produit de 20,000 *liv.* qu'il faut ajouter aux 24,000 liv. dont je fuis reliquataire pour le capital réduit.

*Récapitulation.*

*Récapitulation.*

Pour le *capital réduit*..............24,000 liv.
Pour quatre années d'*intérêts*.........20,000
                                        _______
Total.................44,000 liv.

Ainsi, par cette combinaison, *quatre* années feulement d'*intérêts*, atteindroient prefque le pair du *capital*, & dans l'extrême *variété* des efpèces qui auront lieu, on en rencontreroit beaucoup où les *intérêts* pourroient le *doubler* & même aller plus loin encore ?

Il ne faut pas pouffer plus loin l'expofition d'un *fyftéme* dont les inconféquences fe font fentir au premier *apperçu*. Le premier vice qu'il contient, c'eft d'être établi fur la fuppofition erronée, qu'il n'exifte pas de loi qui ait nominativement réglé le mode du paiement des arrérages des intérêts, provenant du prix d'une vente d'immeubles.

Il eft vrai que l'art. VI de la loi du 16 nivôfe s'explique en ces termes : felon le mode qui fera établi pour le paiement des intérêts dûs en *vertu d'aliénation d'immeubles*.

Mais c'eft en cela même qu'il y a erreur: ce *mode* à *établir* a été *établi*. Il fe rencontre dans la loi du 26 *brumaire* an 6 qui eft le fiége des décifions relatives aux paiemens des intérêts de toute efpèce d'obligations, même de celles réfultant de *ventes*

H

*d'immeubles*, & qui eſt poſtérieure à la loi datée du *16 nivôſe* (1).

Il faut donc ſuivre les diſpoſitions de la loi du 26 brumaire pour les arrérages echus en matière de *vente d'immeubles*, & par conſéquent ſoumettre ces arrérages au mode de dépréciation qu'elle indique. *Voyez* ARRÉRAGES.

Néanmoins, puiſqu'il eſt poſſible d'élever quelque difficultés à ce ſujet, il feroit à deſirer que le *corps légiſlatif* les fît prévenir par une *nouvelle loi* qui lèveroit tout équivoque. *Voyez* INTERPRÉTATION.

# INTERROGATOIRE SUR FAITS ET ARTICLES. *Voyez* DATE.

Cette voie eſt accordée aux parties reſpectivement l'une contre l'autre, toutes les fois qu'il y a incertitude ſur la date de l'obligation, ou ſur le genre du paiement.

*L'interrogatoire ſur faits & articles* eſt autoriſé contre le débiteur, par l'art. II de la loi du 14 fructidor an 5, en ces termes :

Il en ſera de même, s'il eſt prouvé par d'autres écrits émanés du débiteur, ou par ſon interrogatoire ſur faits & articles, que

______

(1) Cette eſpèce de contradiction ſe trouvera éclaircie à l'article *interprétation.*

le titre eſt relatif à une obligation contractée avant le premier janvier 1791.

L'art. II de la loi du 11 frimaire, conſacre auſſi
la voie de l'*interrogatoire ſur faits & articles*, contre
le débiteur.

Les obligations contractées pour ſimple
prêt...., feront cenſées conſenties valeur
nominale du papier-monnoie ayant cours,
lorſque le contraire ne fera pas prouvé par
le titre même, & à ce défaut, par des écrits
émanés des débiteurs, *ou par leur interrogatoire ſur faits & articles.*

L'article VIII de la même loi ( du 11 frimaire ),
indique l'*interrogatoire ſur faits & articles* contre le
créancier, dans le cas de ſtipulation de paiement,
en quantité fixe de grains, denrées ou marchandiſes, en ſes termes :

Les engagemens ainſi conçus, pourront,
à la réquiſition du débiteur, &c. ; & ſi ce
*capital* n'a pas été exprimé, la preuve de
ſa conſiſtance pourra être faite par d'autres
écrits du créancier, ou *par ſon interrogatoire
ſur faits & articles.*

Enfin, *l'interrogatoire ſur faits & articles* eſt auſſi
adopté en faveur des créanciers de *rentes viagères*,
par la loi du 13 pluviôſe, art. III.

# JOUISSANCE RÉSERVÉE, A TITRE DE LOCATION.

Cette claufe peut fe rencontrer dans un grand nombre de contrats de vente qui ont eu lieu pendant le cours du papier-monnoie.

Voici l'efpèce : Paul a vendu un domaine ou une maifon à Pierre, pour le prix de 60,000 liv., payables dans 10 ans, avec la claufe que les intérêts courroient à raifon de 3,000 liv.

Mais en même temps, pour tenir lieu de ces intérêts, le vendeur s'eft réfervé la jouiffance du domaine de l'objet vendu, à titre de location, pendant ces dix ans, le prix du loyer étant compenfé, chaque année, avec le montant des intérêts.

C'eft à la fuite d'une pareille convention que l'acquéreur, voulant fe libérer, offre au vendeur le rembourfement des 60,000 liv., fuivant le mode prefcrit. Jufques-là il n'y a perfque point de difficulté ; mais que deviendra la claufe de la jouiffance réfervée ? quel fera fon effet ? à quelle réduction fera-t-elle foumife, tant pour l'avenir que pour les arrérages échus ?

Il faut répondre : la location doit être maintenue pour le temps qui refte à courir ; rien n'eft changé à cet égard ; mais il y a changement dans le prix du loyer, qui eft rebaiffé en raifon proportionnelle du capital réduit, car la même loi gouverne le capital et les intérêts.

Si donc, au lieu de 60,000 liv., prix originaire de la vente en affignats, l'acquéreur n'eft tenu, par l'évènement de l'eftimation & de la réduction, qu'au remboursement de 10,000 numéraire, le vendeur, de fon côté, rabat fon loyer à 500 l. numéraire, qui correfpondent aux intérêts à cinq pour cent de 10,000 liv.

Lorfque le vendeur s'eft réfervé, par claufe expreffe, la jouiffance de l'immeuble vendu, pendant un certain nombre d'années, moyennant un prix de location correfpendant à l'intérêt égal du prix de la vente ftipulé en papier-monnoie, le montant de la location, même pour les arrérages qui en font dûs, eft réductible à dire d'experts, dans la même proportion & de la même manière que le feroit le principal du fufdit prix, au cas prévu par les articles II & III. *Loi du 16 nivôse an 6, art. IX.*

Sur les articles II & III cités ci-deffus, *voyez* ALIÉNATION D'IMMEUBLES.

# LEGS. *Voyez* LIBÉRALITÉS.

---

## LÉSION. *Voyez* RESCISION.

Vers la décadence des affignats, des milliers de propriétaires ouvrirent les yeux fur l'illufion dont ils avoient été la victime, en livrant leurs propriétés pour une monnoie idéale qui s'évanouiffoit entre leurs mains ; les tribunaux retentirent des cris & des réclamations de familles réduites à l'indigence.

Comme le corps légiflatif manquoit alors de bafe pour apprécier les demandes en refcifion, il prit le parti d'en fufpendre les pourfuites & l'inftruction provifoirement.

Toute action & toute inftance en refcifion de contrat de vente, ou équipollent à vente pour caufe de léfion d'outre moitié, demeure provifoirement fufpendue. *Décret du 14 fructidor an 3.*

D'une autre part, la même loi abolit définitivement l'action en refcifion des contrats de vente ou équipollens à vente, entre majeurs, pour léfion d'outre-moitié à l'égard des ventes qui feront faites à compter de fa publication. *Ibid.* art. I.

Cette fufpenfion provifoire des inftances en

rescisions antérieures à la loi du 14 fructidor an 3, a été levée par la loi du 3 germinal an 5, après avoir duré près de 16 mois.

Mais il est bien entendu que ce délai ne sera point compris dans les dix ans indiqués dans cette matière.

Dans les délais fixés par les lois pour la prescription, ne sera pas compté le temps qui sera écoulé depuis la publication de la loi de suspension, jusqu'à la publication de la loi qui interviendra sur la présente résolution. *Ibid., art. II.*

*Nota.* Que cette loi du 3 germinal an 5 laisse subsister l'abolition de l'action en rescision pour les ventes postérieures à la loi du 14 fructidor an 3.

II. Ainsi il faut distinguer deux époques, celle qui est antérieure à la loi du 14 fructidor an 3, & celle qui est postérieure à cette loi.

A l'égard des *lésions* qui prennent leur origine depuis cette dernière époque & au sujet desquelles l'action juridique est abolie, nous n'en parlerons pas.

Il ne s'agit, ici, que de celles dont l'exercice est autorisé.

III. Il y a plusieurs espèces de *lésion* contre lesquelles la loi fournit différens moyens.

En matière de *vente de denrées & marchandises*, elle laisse à l'acheteur l'*option* de payer en numéraire suivant le prix de l'achat, ou suivant l'*estimation.*

**D**ans les cas de délégations *paſſives* trop oné-
reuſes, l'acquéreur a l'option d'échapper à la *léſion*
en *réſiliant*.

IV. Mais la *léſion* la plus importante eſt celle qui
réſulte de la *vente d'un immeuble* au préjudice de
l'*une* ou de l'*autre* des parties.

A l'égard de l'acquéreur, l'ancien droit ne lui
donna jamais la faculté de pourſuivre la reſciſion
pour cauſe de *léſion*, ſous prétexte d'avoir *payé
l'objet à trop haut prix* ; la loi veut bien venir au
ſecours de celui qui, preſſé par la *néceſſité*, ou in-
duit en erreur, a livré ſon bien à *vil prix* ; mais,
ce ſentiment de commiſération & ce devoir de
*protection* ne s'élevent pas en faveur de celui qui
a payé *trop cher*. C'eſt vis-à-vis de lui une affaire
de calcul & de ſpéculation dont la loi ne ſe mêle
pas.

Mais on peut répondre que ſi cette juriſprudence étoit judicieuſe à une époque où les acquéreurs pouvoient connoître la valeur de ce qu'ils
achetoient, comparativement avec la monnoie
dont ils devoient payer, elle ceſſe d'être applicable au cas où l'acquéreur ſe trouve obligé de
payer dans une autre *monnoie* que celle ſur laquelle
il a compté, & ſur un autre prix que celui qu'il
a conſenti ; la loi doit couvrir les citoyens d'une
égale affection, & les protéger contre les erreurs
& les mépriſes, quand d'ailleurs elles ne ſont ſouil-
lées d'aucun ſoupçon de mauvaiſe foi.

Je n'entends pas ici réfoudre la queſtion en faveur des acquéreurs, ni même émettre une opinion *pour* ou *contre*. Je me borne à obſerver que cette réclamation, pouvant devenir l'objet d'une *queſtion*, il feroit utile qu'elle fût d'avance décidée par une *loi* qui fixât la juriſprudence ſur ce cas imprévu.

V. A l'égard de la *léſion* alléguée par le vendeur, elle ouvre, ſans difficulté, une action en *reſciſion*.

Tous les principes de l'ancien droit s'appliquent à cette eſpèce de réclamation qui eſt concentrée dans le délai de *dix ans*, déduction faite du laps de temps où cette action auroit été ſuſpendue, ſoit par la diſpoſition de la loi, ſoit par quelque obſtacle perſonnel, comme la *minorité*.

Une condition, *ſine quá non*, eſt que la *léſion* ſoit *outre-moitié* de la valeur du bien, à l'époque de la vente.

Mais comment parvenir à cette évaluation préciſe, à la ſuite des variations qui ſe ſont ſuccédées rapidement dans le prix des biens-fonds ? comment ſaiſir cette valeur fugitive ? comment ſoumettre au témoignage de la *notoriété* publique, une appréciation clandeſtine ſur laquelle la *notoriété publique* n'a pas pu avoir de *priſe* ? *Voyez* ACTE DE NOTORIÉTÉ.

On trouve trois procédés qui conduiſent à cette évaluation.

1°. D'adopter définitivement la valeur de 1790.

2°. De chercher la *valeur ordinaire* des biens de

la même nature dans la *même contrée*, à l'époque de la vente.

3°. De laisser de côté la considération de la *valeur numéraire* pour s'en tenir aux ventes faites en papier-monnoie à la même époque, & établir la *lésion* sur la différence.

Chacun de ces trois systêmes mérite d'être exposé.

*Raisons en faveur du premier systême.*

On peut dire que : « l'inconstance des *valeurs foncières* depuis 1791, ne permet pas de les prendre pour base d'une *estimation*; la valeur *d'opinion*, d'une opinion versatile, & changeant à chaque heure au gré des espérances & des craintes, ne peut pas être raisonablement proposée comme un point d'appui assuré pour décider de la fortune des familles; l'immeuble, ( quelle que fût la *valeur d'opinion* ) avoit une *valeur réelle* & indépendante de cette opinion ; il ne s'agit pour retrouver cette valeur, que de remonter à quelques années de plus, & l'année 1790 fournit ce renseignement. C'est cette époque qui révèle la *vraie valeur*, la valeur *permanente* des immeubles ; & si, aujourd'hui, quelques circonstances politiques ont rabaissé cette valeur, ce n'est qu'une diminution momentanée qui fera bientôt face au prix de 1790, avec d'autant plus de vraisemblance, qu'à l'heure même où nous parlons, les terres acquises partiellement ont déjà regagné leur première valeur, & que dans plusieurs endroits elles l'ont excédé, &c. donc, &c. »

*Raisons en faveur du deuxième système.*

« Recourir à la valeur de 1790, c'est violer ce principe notoire que la *lésion* doit se calculer non d'après la valeur du bien au moment de la réclamation, mais d'après sa valeur *au moment de la vente.*

Il ne convient donc pas d'aller chercher quelle étoit la valeur de 1790 pour des biens vendus en 1792, 1793, 1794, &c.

Inutilement allegue-t-on la versatilité & l'incertitude des *valeurs réelles* à ces époques ; cet inconvénient n'a pas, sans doute, échappé aux légiflateurs ; & puifqu'ils n'en ont pas tenu compte, il n'eft pas permis de lui donner quelque confiftance. Il ne faut pas être plus fage que la loi. Elle vous a indiqué un mode d'eftimation, c'eft celui-là qu'il faut prendre ; que ce mode foit pénible, incertain, cela eft indifférent ; lorfque l'expérience en aura démontré ou l'impraticabilité, ou les inconvéniens, ce fera le cas d'une réformation ; mais, en attendant, exécutez, &c. »

*Troifième fystéme.*

« Il ne doit pas être queftion d'évaluation en *numéraire* pour connoître s'il y a *lésion.* Ce feroit un procédé trop fujet à l'erreur, de comparer deux monnoies auffi différentes, pour en faire reffortir un moyen d'éclairciffement. La *lésion* doit au contraire s'évaluer par la comparaifon du prix ftipulé en *papier-monnoie* avec le prix des autres ventes en *papier-monnoie*, à la même époque, & dans la même contrée.

Si donc il s'agit d'un domaine vendu en 1794 30,000 liv. en affignats, il faut que le vendeur foit en état de prouver qu'à cette même époque fon bien valoit plus de 60,000 liv. *affignats*, comparativement aux ventes qui avoient lieu dans la même contrée & à la même époque. Alors au moins on donne aux experts & aux tribunaux un guide sûr, pour prononcer en matière de *léfion*. »

Aucun de ces *trois fyftémes* n'eft propre à lever la difficulté qui nous occupe, & à fournir la bafe d'une jufte évaluation.

Le *premier*, qui approche le plus de la juftice & de la raifon, eft en contradiction néanmoins avec le principe qui exige que la *léfion* foit calculée d'après la valeur du bien au moment de la vente ; & il a cela encore de vicieux qu'il s'écarte de la marche indiquée par la loi du 16 nivôfe.

Le *second* fyftême eft une exécution *littérale* & *judaïque* de cette loi, mais la difficulté & les abus de ce procédé le rendent redoutable à toutes les parties.

A l'égard du *troifième*, il n'en faut parler que pour le rejeter fans menagement, foit parce qu'il offre une foule d'inconvéniens & qu'il ne fait que fubftituer un abus à un autre, foit parce qu'il eft lui-même en contradiction avec l'art. III de la loi du 16 nivôfe, qui indique impérativement aux experts pour bafe de leur eftimation la *valeur numéraire métallique* des objets au temps du contrat.

Or, au milieu de ces incertitudes, je crois qu'il y a un *moyen terme* capable d'accorder le vœu de la loi avec les intérêts & droits de toutes les parties intéreffées.

C'eft de prendre le prix *de 1790*, non comme règle de l'évaluation, mais fimplement comme *indicateur* du prix numéraire des années fuivantes, en y appliquant d'ailleurs un décroiffement *progreffif*, ainfi que je l'ai expofé à l'article *eftimation*.

Par là tout rentre dans l'ordre. La difpofition de l'article III eft exécutée ; car cet article, en exigeant des experts d'évaluer la valeur métallique de l'objet au temps de la vente, ne leur interdit pas la faculté d'aller chercher dans un temps plus reculé les mefures de leur calcul.

## LIBÉRALITÉS.

*Voyez* PENSIONS, RENTES.

Les fommes, rentes & penfions, dûes à titre de pures *libéralités*, par des actes entre-vifs, ou à caufe de mort, quand même elles feroient affectées fur des fucceffions ouvertes depuis la dépréciation du papier-monnoie, feront acquitées en numéraire métallique, fauf la réductibilité defdites fommes, rentes & penfions, dans le cas feulement où elle eft autorifée par la loi du

*17 nivôse* an 2. *Loi du 11 frimaire, article XVII.*

La même difpofition fe retrouve dans la loi du 13 pluviôfe en faveur des actes de *libéralités.*

Ne feront pareillement fujettes à aucune réduction, les rentes viagères promifes & ftipulées par contrat, fans expreffion d'aucun capital fourni, foit pour tenir lieu d'alimens, foit pour toute autre caufe. *Loi du 13 pluviôfe an 6, art. IV.*

## LIBERTÉ DES TRANSACTIONS.

Pendant deux ans environ, la *liberté des tranfactions entre particuliers* éprouva un affujétiffement qui produifit de grands inconvéniens.

Cette gêne fut enfin levée par un décret du 5 thermidor qui laiffa à chacun la liberté de ftipuler & de faire fes conditions & fes ftipulations en telles valeurs qu'il jugeroit à propos.

A dater de la préfente loi, chaque citoyen fera libre de contracter comme bon lui femblera. Les obligations qu'il aura foufcrites, feront exécutées dans les *termes de valeurs* ftipulés. *Loi du 5 thermidor an 5, art. I.*

C'eft depuis cette époque que la ftipulation de *numéraire* a reparu dans les contrats.

**LICITATION.** *Voyez* ALIÉNATION D'IMMEUBLES.

Les dispositions contenues dans le tit. I<sup>er</sup>. auront leur effet, à l'égard des sommes dûes pour prix de licitation d'immeubles, ou pour soulte & retour dans les partages entre co-héritiers ou *communistes*, survenus aux époques ci-dessus énoncées, sans qu'à raison de ce, les débiteurs puissent rappeler les autres intéressés à partage, à moins qu'il n'y eût lésion du *tiers au quart*, dans les premiers actes intervenus. *Loi du 16 nivôse, art. XII.*

Cette disposition est incomplète dans la rédaction, en ce qu'elle ne considère les co-partageans que sous la qualité de *débiteurs*, & ensuite, en ce qu'elle n'explique pas s'il s'agit de co-partageans débiteurs l'un *envers* l'autre, ou bien, de co-partageans débiteurs *envers un tiers*.

Mais on peut sortir de cette confusion à l'aide du principe posé au commencement de l'article, qui applique aux *licitations* & partages les dispositions du titre premier de la loi du 16 nivôse.

Ce principe général supplée au défaut du reste, & doit servir de guide dans toutes les difficultés de cette espèce.

Ainsi, celui des co-propriétaires qui s'est rendu adjudicataire du tout, avec obligation à *terme*, est affujéti envers fes co-propriétaires , aux formalités prefcrites pour la réduction du prix des immeubles aliénés ; il court le même rifque s'il laiffe expirer le délai de *l'option* & des *offres ;* il eft obligé au même mode de rembourfement , & ce, fans aucuns recours contre fes co-partageans.

D'une autre part , les co-partageans ne font pas autorifés à rejetter les offres, fur le prétexte que le fort de l'acquéreur en deviendroit plus avantageux que le leur.

Et fi entre les co-partageans il s'en trouve qui aient reçu leur portion en *papier-monnoie*, ceux-ci n'ont pas droit d'exiger des autres co-partageans payés en numéraire , qu'ils leur tiennent compte de la difproportion entre l'un & l'autre paiement, fous prétexte de *l'égalité* effentielle aux partages. Chaque co-partageant a pû difpofer de fon lot , ou du prix *repréfentatif*, comme bon lui a femblé, fans que les autres s'y trouvent intéreffés, ni pour la perte , ni pour le bénéfice ; la loi exige *l'égalité* des lots , mais elle ne fe mêle point de *l'égalité* de l'emploi.

## LIQUIDATIONS DE COMPTES DE COMMERCE.

*Voyez* ENGAGEMENS DE COMMERCE, COMPTABLES, COMPTES COURANS.

---

LOCATION. *Voyez* JOUISSANCE RÉSERVÉE.

LOIS

# LOIS SUR LES TRANSACTIONS ENTRE PARTICULIERS.

On peut rapporter aux *tranfactions entre particuliers*, plufieurs difpofitions détachées d'un grand nombre de lois, comme je l'ai moi-même pratiqué dans cet ouvrage. Néanmoins il y a quelques lois qui font plus fpécialement confacrées à cette matière, & dont il eft intéreffant de retenir les *dates*, parce qu'elles font d'un ufage plus habituel. Ce font les fuivantes :

1. *5 thermidor an 5.* DÉCRET qui autorife le dépôt du montant des billets à ordre ou autres effets négociables.

2. *1er fructidor an 3.* DÉCRET qui prononce la libération du débiteur, lorfqu'il y aura eu *offres réelles*, fuivies de *confignation*.

3. *3 fructidor an 3.* DÉCRET concernant la reftitution des dépôts en nature.

4. *15 germinal an 4.* LOI concernant le paiement des obligations, loyers & fermages.

5. *9 meffidor an 4.* LOI concernant le paiement des baux à ferme.

6. *5 thermidor an 4.* LOI qui concerne la liberté des tranfactions entre particuliers.

7. *18 fructidor an 4.* LOI qui détermine le paiement des fermages arriérés.

8. *21 fructidor an 4.* LOI qui règle le mode de paiement des loyers des maifons.

9. *7 nivôfe an 5.* LOI interprétative de l'art. XI

I

de celle du 15 germinal an 4, concernant la remise des dépôts.

10. *15 pluviôse an 5.* LOI qui détermine le mode de paiement des arrérages de rentes, pensions entre particuliers.

11. *30 pluviôse an 5.* LOI qui concerne la restitution des dépôts, de la part des receveurs des consignations.

12. *3 germinal an 5.* LOI qui restitue l'exercice des demandes en *rescision*, pour cause de lésion.

13. *5 messidor an 5.* LOI relative aux transactions passées entre particuliers, pendant la durée de la dépréciation du papier monnoie.

14. *9 messidor an 5.* LOI relative à la réduction du prix des baux passés postérieurement au premier janvier 1792.

15. *14 fructidor an 5.* LOI concernant les obligations passées & contractées postérieurement au premier janvier 1791.

16. *15 fructidor an 5.* Loi relative aux transactions passées entre particuliers, antérieures à la dépréciation du papier-monnoie.

17. *26 brumaire.* LOI qui règle le mode de paiement des fermages de rentes & pensions.

18. *11 frimaire an 6.* LOI qui fixe le mode de remboursement des obligations contractées pendant la dépréciation du papier-monnoie.

19. *16 nivôse an 6.* LOI concernant la vente des immeubles durant la dépréciation du papier-monnoie.

20. *16 nivôse an 6.* LOI *additionnelle* à celle du 11 frimaire.

21. *13 pluviôse an 6.* LOI concernant le paiement *des rentes VIAGÈRES.*

On trouvera toutes ces lois recueillies en entier à la fin de cet ouvrage.

# LONG TERME.

*Voyez* DÉLAI, REMBOURSEMENT.

I. Les lois du 11 frimaire & 16 nivôse an 6, emploient cette expreſſion pour indiquer les délais de rembourſement qui ſe reportent à pluſieurs années au-delà du 29 meſſidor an 4.

II. Or, le *long terme* eſt déſigné différemment pour les débiteurs en vertu d'obligations ſur *ſimple prêt,* & les débiteurs pour cauſe *d'aliénation d'immeubles.*

A l'égard des premiers, *deux années* ſuffiſent pour les conſtituer débiteurs à *long terme,* & les aſſujétir aux formalités requiſes.

Lorſque *l'obligation* aura été paſſée à plus de DEUX ANS de terme, au delà de l'époque du 29 meſſidor an 4, le débiteur ne ſera admis à demander la *réduction* en numéraire métallique, qu'autant qu'il aura notifié, &c. *Loi du 11 frimaire, art. V.*

Mais les débiteurs pour cauſe *d'aliénation d'im-meubles,* ne ſont tenus d'offrir le rembourſement, qu'autant qu'il auroit été étendu à plus de TROIS ANS au‑delà de la publication de la loi du 29 meſſidor.

L'acquéreur ne pourra, au ſurplus, demander la réduction qu'aux conditions ſuivantes, 1°.....

2°. De renoncer aux termes ſtipulés par le contrat de vente, qui auroient été portés à plus de *trois ans* au-delà de la loi du 29 meſſidor an 4.

III. L'article VI de la loi du 11 frimaire, parle de *billets à ordre à longs termes*, ſans indiquer ce qui conſtitue le *long terme* en matière de commerce; mais il paroît convenable de leur appliquer le même délai que celui des *obligations* pour *ſimple prêt*, c'eſt-à-dire, de *deux ans* au-delà de l'époque de la publication de la loi du 29 meſſidor an 4. *Voyez* BILLETS.

IV. Les aliénations d'immeubles à *rente perpétuelle*, ſont réputées des *obligations* à *long terme*, & en cette qualité, le débiteur qui veut obtenir la réduction, doit en offrir le rembourſement dans les *deux mois*. Loi additionnelle du 16 nivôſe, art. V. *Voy.* DÉLAI. N°. II.

LOYER. *Voyez* BAUX A LOYER.

## MANDATAIRES.

A l'égard des mandataires à titre onéreux ou gratuit, qui auront reçu des sommes en papier-monnoie pour le compte de leurs commettans, il en sera usé suivant la disposition générale du droit ; & ce dont ils seront déclarés débiteurs sera réduit d'après *l'échelle*, en partant de l'époque où ils auront été reconnus en *demeure*. *Loi du 11 frimaire an 6 , art. XIII.*

Mais *voyez* DÉPÔT.

## MANDATS (PAPIER-MONNOIE).

Les *mandats* ont fait pendant quelque temps le service de papier-monnoie ; mais leur existence a duré bien moins que celle des *assignats*, auxquels ils succédoient ; leur création prend son origine dans la loi du 28 ventôse an 4, & après des tentatives inutiles pour les maintenir en crédit, on fut obligé, pour le bien même des finances de l'état, de les supprimer. Leur *cours forcé* fut aboli par la loi du 16 pluviôse de l'an 5.

A compter de la publication de la présente loi , les mandats cesseront d'avoir *cours forcé* entre particuliers. *Loi du 16 pluviôse an 5 , art. I.*

Ils font compris sous la dénomination du *papier-monnoie* soumis à l'échelle de dépréciation. *Voyez* COURS FORCÉ.

## MAXIMUM. *Voyez* RENTES VIAGÈRES.

La loi du 13 pluviôfe an 6, voulant maintenir, en certain cas, l'équilibre entre les droits des créanciers & des débiteurs de rentes viagères, a fixé un *maximum* auquel la rente viagère viendroit s'arrêter, afin de prévenir une progreſſion trop onéreuſe au débiteur.

*Par exemple*, lorſqu'il s'agit de rentes conſtituées dans l'intervalle du premier janvier 1792 au premier juillet 1793 ( vieux ſtyle ), ces rentes ſont déclarées payables, valeur nominale, en *numéraire*, pourvu qu'elles n'excèdent pas le *maximum* de 10 pour 100 ſur la tête d'un *prêteur* de 70 ans accomplis, en partant de l'époque du contrat ; de 9 pour 100 ſur la tête d'un ſexagénaire ; de 8 pour 100 ſur une ſeule tête d'un âge inférieur, & de 7 pour 100 ſur deux ou pluſieurs têtes de tout âge.

## MINIMUM. *Voyez* RENTES VIAGÈRES.

Il y a auſſi un *dernier terme* auquel une *rente viagère* peut être rabaiſſée, d'après les combinaiſons adoptées par la *loi du 13 pluviôfe an 6*, concernant les *rentes viagères* ; c'eſt ce *dernier terme* qui eſt exprimé par celui de *minimum*.

La loi a voulu, par cette meſure, prévenir le cas où, par l'événement de *la réduction* ſur *l'échelle de proportion*, une rente viagère ſe trouveroit tout à fait évanouie, ou au moins ravallée à un taux ſi modique, que l'exigibilité en ſeroit illuſoire.

# NANTISSEMENT.

Quel eſt l'effet d'un *nantiſſement* ( en immeubles ) fourni par le père à l'un de ſes enfans, pour la ſûreté de ſa dot conſtituée en aſſignats. *Voyez* CONS-TITUTION DOTALE , N°. II.

# NOTAIRES. *Voyez* DÉPOSITAIRES.

------

# NOTIFICATION.

La *notification* eſt une formalité introduite par les nouvelles lois , pour préparer à un débiteur le moyen de s'alléger d'une obligation trop onéreuſe.

La *notification* eſt un préliminaire indiſpenſable, qui doit être rempli rigoureuſement dans les *délais* preſcrits , aux riſques de *déchéance.*

Le défaut de *notification* produit l'effet de conver-tir en *numéraire* les *valeurs nominales* ſtipulées dans le titre obligatoire, & de faire perdre au débiteur le bénéfice de la *réductibilité* ou de la *réſiliation. Voyez* DÉCHÉANCE , DÉLAI , OFFRES , RENTES VIAGÈRES.

# NOVATION.

La *novation* s'entend du changement d'une *ancienne* dette en une *nouvelle.* Cette circonſtance eſt d'une grande conſéquence pour les obligations contractées pendant le cours du papier-monnoie , à la ſuite

I 4

d'une obligation *antérieure*, puifqu'elle peut confi-dérablement augmenter ou diminuer la *réduĉtibilité*.

La loi du 14 fruĉtidor an 5 rejette la *préfomption* de novation dans les deux cas fuivans :

1°. Si l'aĉte rappelle l'origine d'une créance an-térieure.

2°. S'il y eſt expreſſément dit : *fans novation.* Art. I<sup>er</sup>.

Elle permet auſſi la preuve de la *novation*, par des écrits ou par l'interrogatoire fur faits & articles. *Voyez* INTERROGATOIRE SUR FAITS ET ARTICLES.

A l'égard des autres difficultés relatives à la quef-tion de *novation*, elles doivent fe décider par les principes généraux de cette matière.

# NUE PROPRIÉTÉ.

La vente de la *nue propriété* d'un immeuble, avec *retenue d'ufufruit*, peut donner lieu à une difficulté qui n'a pas été prévue par la loi, au fujet de l'*évaluation*.

A qui appartient-il, des *tribunaux* ou des *experts*, de prononcer fur la valeur de cet *ufufruit*, & de fixer la portion pour laquelle il doit entrer dans la réduĉtion de la *valeur réelle ?*

Par exemple, fur la fin de l'an 3 , Paul a vendu fon domaine, avec *retenue d'ufufruit*, pour le prix de 500,000 liv. aſſignats, dont les trois-quarts ont été payés comptant.

Aujourd'hui ce domaine eſt eſtimé, par les

experts, 200,000 liv. *numéraire métallique*, eu égard au temps de la vente.

Le domaine ayant été déjà payé aux trois-quarts ( affignats ), il ne refte plus que le *quart* à payer en *numéraire*, ce qui donne 50,000 liv. à la charge de l'acquéreur.

Mais fur les 200,000 liv., montant du *capital réduit*, il faut déduire l'eftimation de l'*ufufruit*, lequel fait partie du prix convenu ; fi cet ufufruit eft évalué à 50,000 l., il fe trouvera que l'acquéreur n'aura plus rien à payer ; celui-ci a donc intérêt de rehauffer la valeur de l'ufufruit, lorfque le vendeur a l'intérêt contraire. Or, c'eft à l'occafion de cette difficulté & de celles qui rentreroient dans la même efpèce, que je propofe la *queftion* de favoir à qui en appartient la décifion ? *Voyez* ce que j'ai dit à ce fujet au mot ESTIMATION.

## OBLIGATIONS POUR PRÊT D'ARGENT.

I. Il faut diftinguer les *obligations* paffées avant le premier janvier 1791 de celles qui ont été paffées depuis.

*Obligations paffées avant le premier janvier 1791.*

II. Ces *obligations* font rembourfables en numéraire métallique fans réduction.

Toute obligation d'une date antérieure au premier janvier 1791 (v. ft.), feront acquités en numéraire métallique *fans réduction. Loi du 15 fructidor an 5, art. II.*

A l'égard des intérêts arréragés. *Voyez* ARRÉRAGES.

*Obligations contractées depuis le premier janvier 1791 pour prêts faits avant cette époque.*

III. Quoiqu'une *obligation* ait été contractée depuis le premier janvier 1791, il eft poffible que la caufe de cette obligation remonte au-delà de cette époque. Dans ce cas, c'eft moins la date du titre que la date du prêt qu'il faut confidérer ; & l'*obligation*, quoique poftérieure au premier janvier 1791, n'en eft pas moins exigible en numéraire fans réduction. Elle rentre dans la claffe des *obligations* paffées avant le premier janvier 1791. Mais pour opérer cet effet, il faut que l'origine du prêt foit rappelée dans l'acte.

Seront acquités en numéraire métallique & fans réduction, les obligations dont le titre produit auroit une date poftérieure au premier janvier 1791, ou à l'introduction des affignats & mandats dans les pays réunis, la Corfe & les Colonies, lorfque ce titre rappellera l'origine de la créance ou un titre antérieur à l'une ou à l'autre de ces époques ( l'introduction du papier - monnoie ), ou qu'il fera dit *fans novation. Loi du 14 fructidor an 5, art. I.*

IV. Si l'*obligation* ne rappeloit pas la date du prêt ou ne donnoit pas des éclairciffemens affez précis, il eft permis au créancier de faire la preuve à l'aide d'écrits émanés du débiteur & même par la voie de *l'interrogatoire fur faits & articles. Voyez* DATE, INTERROGATOIRE, PREUVE.

*Obligations poftérieures au premier janvier 1791, mais ftipulées payables en numéraire.*

V. Poftérieurement au premier janvier 1791, il y a eu grand nombre d'*obligations* ftipulées payables en valeur métallique. Cette ftipulation l'emporte fur la date de l'*obligation* qui, en pareil cas, eft payable en numéraire, fuivant l'art. VI de la loi du 15 fructidor an 5.

Seront auffi exécutés de la même manière, les obligations expreffément ftipulées

payables en numéraire métallique, à quelque époque qu'elles aient été confenties.

VI. En effet, le remboursement par réduction
n'est autorifé que comme une mefure de justice naturelle qui fupplée au filence des parties fur un cas
non prévu. Mais, lorfqu'elles ont elles-mêmes fait
leur loi d'avance, la loi générale ceffe de leur être
applicable.

Il y a plus : la loi du 15 fructidor an 5 a introduit une exception pour les départemens réunis.
Les *obligations* contractées dans ces pays, même depuis l'introduction du papier-monnoie, font toujours confidérées payables en *valeur métallique*, à
moins qu'il n'y ait claufe expreffe d'être payables
en affignats.

Seront également acquitées de la même
manière ( numéraire métallique ), les obligations contractées dans les départemens
réunis, qui ne contiennent pas la ftipulation expreffe d'être payables en affignats.
*Art. VI.*

*Obligations poftérieures au premier janvier 1791, fans
qu'il y ait ftipulation payable en numéraire, ni
allégation d'une origine antérieure.*

VII. Ces *obligations* qui font en grand nombre durant le cours du papier-monnoie, font cenfées confenties *valeur nominale du papier-monnoie*, fauf la

preuve contraire. *Voyez* INTERROGATOIRE SUR FAITS ET ARTICLES, PREUVE, DÉPARTEMENS RÉUNIS.

Les obligations contractées pour simple prêt, en dette à jour, ou autrement, depuis le premier janvier 1791, dans les anciens départemens de la France, ainsi que celles contractées dans les départemens qui y ont été réunis, & dans l'isle de Corse, depuis l'introduction du papier-monnoie dans ces pays, jusqu'à la publication de la loi du 29 messidor an 4, seront censées consenties valeur nominale du papier-monnoie ayant cours, lorsque le contraire ne sera pas prouvé par le titre même, & à ce défaut, par des écrits émanés des débiteurs, ou par leur interrogatoire sur faits & articles. *Loi du 11 frimaire an 6, art. II.*

VIII. Ces *obligations* font payables en *numéraire métallique* avec réduction, suivant l'échelle de proportion.

Le montant des obligations désignées en l'art. II fera, sauf les exceptions ci-après, & pour toutes les sommes qui y ont donné lieu, réduit en numéraire métallique, suivant le tableau de dépréciation ordonné par la loi. *Loi du 11 frimaire an 6, art. IV.*

IX. Il faut, au sujet de ces *obligations*, faire la même distinction que nous avons indiquée ci-dessus pour les ventes d'immeubles ( *voyez* ALIÉNATION ) entre les débiteurs à bref délai, & les débiteurs à longs termes.

A l'égard des premiers, ils jouissent de toute l'étendue des termes qui leur ont été accordés par le titre de l'obligation, sans être assujétis à l'accélération du remboursement, ni à d'autres intérêts que ceux consentis dans l'acte.

Mais il en est autrement, si le remboursement a été rejetté à un *long terme*, c'est-à-dire, s'il a été étendu à *plus de deux ans au-delà de l'époque du 29 messidor an 4.* En ce cas le débiteur, s'il veut profiter du bénéfice de la réduction, est tenu aux trois conditions suivantes.

1°. De notifier son intention à son créancier dans les deux mois, à compter de la publication de la loi du 11 frimaire.

2°. De lui signifier dans le même délai sa renonciation aux termes à écheoir.

3°. De lui offrir le remboursement du *capital réduit* dans le délai d'une année.

Ces trois déclarations ont dû être faites dans les deux mois pour tout délai, & sous peine de déchéance, à compter de la publication de la loi du 11 frimaire an 6.

Voici l'article.

Lorsque l'obligation aura été passée à plus de deux ans de terme au delà de l'époque du 29 meſſidor, le débiteur ne ſera admis à demander la réduction en numéraire métallique, qu'autant qu'il aura légalement notifié au créancier, dans les deux mois qui ſuivront la publication de la préſente loi pour *tout délai*, à peine de *déchéance*, ſa renonciation aux termes à écheoir, avec offre de rembourſer le capital réduit, dans le délai d'une année, ſans préjudice néanmoins de la prérogative autoriſée par l'article XVIII ci-après.

*Voyez* DÉLAI, PROROGATION.

Lorſque la réduction eſt réglée, le débiteur eſt tenu de payer au créancier cinq pour cent du capital réduit tant pour les intérêts échus que pour ceux à écheoir pendant le cours du délai fixé par les juges pour effectuer le rembourſement; & les tribunaux ne peuvent point prononcer la réduction, ſans l'accompagner de cette charge, quand même le contrat ne porteroit aucune ſtipulation d'intérêts.

Les réductions requiſes & ordonnées en exécution des articles IV & V ci-deſſus, ne pourront l'être, qu'à la charge par le débiteur de payer au taux de 5 pour 100, les intérêts échus ou à écheoir du capital réduit, & ce ſuivant le mode de paiement qui ſera établi pour les intérêts & penſions par une loi particulière; ce qui aura lieu même quand, en confidération des termes ou autrement, les intérêts du capital fourni en papier-monnoie, auroient été ftipulés à des taux inférieurs, ou même qu'il n'en auroit été ftipulé aucun. *Loi du 11 frimaire an 6, art. VII.*

X. Mais que dire de ceux qui ont emprunté du papier-monnoie avec foumiffion de le rembourfer en une quantité fixe de grains, denrées ou marchandifes, à une époque déterminée, ou leur valeur courante à l'époque de l'échéance ?

En ce cas, le débiteur ne peut obtenir de réduction, qu'autant qu'il feroit en état de prouver que le remboursement en grains, marchandifes ou denrées excéderoit de moitié la valeur du capital qu'il a reçu ; ce qui fe vérifie par une eftimation ou acte de notoriété. *Voyez* LÉSION.

L'art. VIII de la loi du 15 fructidor dernier, n'eft pas applicable aux prêts en papier-monnoie, pour le remboursement defquels l'emprunteur s'eft foumis de fournir une certaine quantité de grains, denrées ou marchandifes, à une époque déterminée, ou leur valeur conftante au temps de l'échéance.

Les engagemens ainfi conçus pourront, à la réquifition du débiteur, être réduits d'après l'échelle de *dépréciation*, lorfqu'il

fera

fera vérifié que la valeur de la quantité promife de grains ou marchandifes, excédoit
de moitié au temps du contrat, celle du
*capital prêté*; & fi ce capital n'a pas été exprimé, la preuve de fa confiftance pourra
être faite par d'autres écrits du créancier,
ou par fon interrogatoire *fur faits & articles.*
*Loi du 11 frimaire, art. VIII.*

## OFFICIERS MINISTÉRIELS.

*Voyez* FRAIS DE PROCÉDURES.

## OFFRES.

Ce n'eft pas affez pour les débiteurs de *notifier*
leur *option* & de réquérir la *réduction* conformément
aux lois des 11 frimaire & 16 nivôfe an 6, il font
encore aftreints à y joindre l'*offre* de rembourfer le
capital réduit & les intérêts échus, & à courir
tant du prix *réductible* que du *capital réduit*; fans
quoi la notification ne produira pas d'effet.

Le débiteur ne fera admis à demander la
réduction en numéraire métallique, qu'autant qu'il aura légalement *notifié.... avec
offre* de rembourfer le *capital réduit* dans le
délai d'une année, &c. *Loi du 11 frimaire,
art. V.*

L'acquéreur ne pourra, au furplus,

*demander* la réduction qu'aux conditions,
1°. de payer, &c. *Loi du 16 nivôse, art. VI.*

## OFFRES RÉELLES.
### *Voyez* CONSIGNATION.

Les *offres réelles* eurent une grande vogue vers
la fin du cours forcé du papier-monnoie; mais
celles-là seules produisirent effet qui furent suivies
de *consignation.*

Plusieurs créanciers échapèrent à leur ruine par
l'omission salutaire de cette formalité. Il vint même
une époque où la consignation fut une précaution
inutile. Au mois de frimaire an 4, il intervint une loi
qui autorisa tout créancier à refuser le remboursement des engagemens d'une date antérieure au premier vendémiaire de la même année, ( sauf les
effets commerciaux ).

Tout créancier qui se croira lésé par le
paiement ou le remboursement qui lui seroit offert de capitaux à lui dûs par obligations publiques ou privées, antérieurement
au premier vendémiaire, autres que les effets de commerce de négociant à négociant,
sera libre de le refuser, jusqu'à ce qu'il en
ait été autrement ordonné. *Loi du 12 frimaire an 4, art. I.*

Il est à observer que le *considérant* de cette loi
traite les remboursemens effectués à cette époque,
de *vol* fait aux créanciers.

« Confidérant qu'il eſt de ſon devoir d'arrêter
» le cours des vols que font journellement à leurs
» créanciers des débiteurs de mauvaiſe foi, &c. »

## OPPOSITIONS.

Pendant le cours du *papier-monnoie* il y a eu un grand nombre de débiteurs qui ont été arrêtés par des *oppoſitions* judiciaires dans leur projet de rembourſement ; aujourd'hui, peuvent-ils exciper de ces *oppoſitions* pour ſe ſouſtraire au paiement en *numéraire* dans les cas où il y a lieu ? Non : à moins qu'ils n'aient *dépoſé* & *conſigné* en vertu d'un jugement qui autoriſoit cette meſure. *Voyez* DÉPÔT, DÉPOSITAIRES.

## OPTION.

Les lois ſur les *tranſactions entre particuliers* laiſſent en pluſieurs cas l'*option* aux débiteurs, entre deux conditions qu'elle leur indique.

Ainſi, la loi du 9 thermidor an 5 accorde aux propriétaires & aux fermiers l'*option* de réſilier.

La loi du 11 frimaire relative aux obligations pour *ſimple prêt*, donne aux débiteur l'*option*, ou de s'en tenir aux clauſes du contrat, ou de réquérir la réduction.

Les débiteurs pour achats de *denrées* ou *marchandiſes* ont, par la même loi, l'*option* ou de payer en numéraire ce qui reſte dû, *ou* ſuivant l'eſtimation des objets au temps de la vente.

K 2

Les *mineurs* ont l'*option* de retenir les effets mobiliers provenant de la ſucceſſion dont ils ſont héritiers, ou bien d'exiger des tuteurs ou curateurs
le prix eſtimatif de ces objets d'après l'inventaire,
& ſuivant l'échelle de *proportion*.

Aux termes de la loi du 16 nivôſe, les débiteurs
de rentes viagères ont l'*option* de continuer la rente
ou de *réſilier*, en acquitant les arrérages échus.

Les *délégataires* qui ſe croient léſés, ont le choix
ou d'acquiter la délégation ou de *réſilier*.

Enfin, la dernière loi du 13 pluviôſe concernant
les rentes viagères, laiſſe en quelques occaſions aux
débiteurs la faculté d'une *option*.

Mais dans tous les cas l'*option* eſt aſſervie à de
certains délais après leſquels la faculté d'*opter* ne
ſubſiſte plus. *Voyez* DÉCHÉANCE, DÉLAI, DÉLÉ-
GATION.

# PAIEMENT EFFECTUÉ.

Le *paiement effectué* en *papier-monnoie* est-il une *fin* de *non-recevoir*, contre la demande en *rescision*? *Voyez* RESCISION.

# PARTAGE.

La réduction qui s'opère dans le lot d'un des *co-partageans* par l'effet de *l'échelle de proportion*, est aux *risques*, *périls* & *fortune* du *co-partageant*, sans qu'il ait droit d'appeler les co-intéressés à la participation de cette perte, à moins que la léfion ne s'étende du *tiers au quart*. Loi du 16 nivôfe an 6, art. XII. *Voyez* LICITATION où cet article est rapporté.

# PENSIONS.

*Voyez* INTÉRÊTS, LIBÉRALITÉS.

La loi du 11 frimaire avoit déjà assuré aux *penfions* l'avantage d'être payées en *numéraire* à quelque époque quelles euffent été accordées.

Cette difpofition fe trouve de nouveau confirmée par la loi du 13 pluviôfe dernier en ces termes :

Ne feront pareillement fujettes à aucune réduction, les rentes viagères promifes & ftipulées par contrat ou accordées par jugement, pendant la durée de la dépréciation du papier-monnoie, fans expreffion d'aucun

capital fourni, foit pour tenir lieu d'alimens, foit pour toute autre caufe. *Loi du
13 pluviôfe an 6, art. IV.*

Sur quoi on peut demander ce qu'il faudroit
décider fi la *penfion viagère* étoit motivée fur la double caufe d'*affignats* reçus par le conftituant, & de
fervices rendus ; de telle forte que le contrat fût
*mi-parti* de deux difpofitions qui entraîneroient chacune un calcul différent : l'une *réductible*, & l'autre
à *l'abri de la réduction.*

Par exemple, Titius a conftitué à *Marie* une rente
viagère de 1200 liv. en ces termes :

« Tant pour s'acquiter envers elle de 12,000 liv.
» affignats par elle prêtés à différentes époques,
» que pour la récompenfer des *bons & loyaux fer-*
» *vices* qu'il en a reçus durant vingt années qu'elle
» a demeuré dans fa maifon à *titre de domeftique* ».

Il y a dans cet acte deux contrats d'une nature
diftincte.

Le contrat de *conftitution* pour capital fourni en
affignats, & qui eft foumis à la réduction.

Et le contrat de *donation rémunératoire* qui eft inac-
ceffible à la *réductibilité.*

Lequel des deux contrats prévaudra ?

On peut dire que ce doit être le contrat de *conf-*
*titution* comme étant le *principal* ; la *donation rému-*
*nératoire* n'eft qu'un *acceffoire* & un *auxiliaire;* que cette
décifion rentre d'ailleurs dans le fens de l'art. XVIII
de la loi du 11 frimaire qui n'admet l'*irréductibilité*

que pour les actes de *pure libéralité* ( ce font fes termes ); que cette confidération ne fe rencontre pas dans un acte *mixte* fait en partie à *titre onéreux*, & en partie à *titre gratuit*, &c.

D'autre côté il y a de fortes confidérations pour maintenir l'*irréductibilité* de la *penfion*, au moins pour la *portion* qui fe fépare du *titre onéreux*.

Les circonftances influent beaucoup en pareille matière.

PRÉCIPUT. *Voyez* AVANTAGES MATRIMONIAUX, PRÉSOMPTION.

---

PREMIER JANVIER 1791 ( v. ft. ).

Cette date mérite de faire un article particulier, parce qu'elle forme une époque importante dans la matière dont il s'agit.

C'eft à compter de cette date feulement, que les *affignats* font affujétis à l'échelle de proportion ; avant le *premier janvier 1791* la loi n'admet pas de dépréciation, & ils font confidérés comme valeur numéraire.

Toutes les obligations d'une date antérieure au premier janvier 1791, feront acquitées *en numéraire métallique fans réduction. Loi du 15 fructidor an 5.*

K 4

# PREMIER JANVIER 1792.

Cette date a aussi son influence dans les *transactions entre particuliers.*

· C'est celle que la *loi du 25 messidor an 3* a indiqué comme l'époque de *la dépréciation* des assignats, quand il fut question de suspendre les *remboursemens* des rentes.

Les remboursemens de toutes les *rentes créées avant le premier janvier 1792*, quelles que soient la nature & la cause dont elles procèdent, sont provisoirement suspendus. *Loi du 25 messidor an 3, art. II.*

Cette même date vient de reparoître dans *la loi du 13 pluviôse concernant les rentes viagères,* comme indicative de l'époque du décroissement *des assignats.*

Pendant l'intervalle *du premier janvier 1791 au premier janvier 1792,* les *assignats* sont considérés comme ayant joui d'une valeur égale *au numéraire,* sans être frappés de dépréciation; & les rentes constituées pour capital fourni en *assignats,* entre ces deux termes, sont déclarées *exigibles en numéraire métallique.*

Les rentes viagères créées par des contrats *antérieurs au premier janvier 1792, v. st.,* inclusivement, continueront d'être acquittées valeur nominale, sans réduction.

D'où vient donc cette différence entre ces deux

époques, *du premier janvier 1791 & du premier janvier 1792 ?*

Une loi précise ( celle du 15 fructidor an 5 ) déclare que le *premier janvier 1791* est le terme après lequel il n'est plus possible de considérer les *assignats* comme représentatifs du *numéraire ;* les lois subséquentes, & singulièrement celles des *26 brumaire, 11 frimaire & 16 nivôse*, confirment & ratifient cette époque de dépréciation, qu'elles adoptent pour base de leurs dispositions.

Et voilà ensuite que cette même époque est retardée *d'un an tout entier* par la loi du 13 pluviôse, qui restitue aux assignats une *valeur numéraire* pendant le cours de 1791, & déclare les capitaux fournis en assignats jusqu'au *premier janvier 1792 inclusivement*, productifs d'intérêts *valeur nominale, & sans réduction.*

On ne peut se dissimuler l'espèce d'opposition qui existe entre ces deux époques ; mais peut-être cette différence a-t-elle été motivée par des considérations qui nous échappent.

PRESCRIPTION. *Voyez* LÉSION.

- - -

# PRÉSOMPTION.

I. Les lois sur les transactions entre particuliers ont établi plusieurs *présomptions légales*, qui suppléent au défaut de stipulations expresses, & qui doivent servir de base aux liquidations & réductions.

II. Par exemple, les avantages matrimoniaux ; tels que *l'augment*, le *contre-augment*, le *préciput*, le *douaire*, les *donations*, font préfumées, *de droit*, avoir été conftitués en raifon proportionnelle de la dot, quoique cette proportion n'ait pas été énoncée dans le contrat de mariage ; en conféquence de cette *préfomption*, les avantages font rabattus fuivant la diminution que la dot, qui lui fert de bafe, a elle-même éprouvée par l'effet de la loi du 17 nivôfe. *Voyez* AVANTAGES MATRIMONIAUX.

III. Les actes & engagemens contractés depuis le premier janvier 1791, dans l'ancien territoire de la France, font, de droit, préfumés payables en affignats, quoique l'acte n'en faffe pas mention. *Voyez* OBLIGATIONS.

Et d'autre part, les engagemens contractés depuis l'introduction du papier-monnoie dans la Belgique & autres départemens réunis, font, de droit, préfumés exigibles en *numéraire*, s'il n'y a ftipulation contraire. *Voyez* DÉPARTEMENS RÉUNIS.

## PREUVE.

*Voyez* ARRÉRAGES, BIENS RURAUX, INTERRO-GATOIRES SUR FAITS ET ARTICLES.

I. Les lois fur les tranfactions entre particuliers, énoncent plufieurs circonftances où la *preuve* eft admiffible.

II. Elle a lieu lorfqu'à l'occafion d'une obligation datée poſtérieurement au premier janvier 1791, le créancier prét nd que l'origine de cette obligation remonte à un temps antérieur.

La loi du 14 fruᶜtidor an 5, permet de faire la *preuve* de cette antériorité, par des écrits émanés du débiteur, ou par ſon interrogatoire ſur faits & articles.

III. Elle eſt encore admiſe dans les cas où le débiteur qui s'eſt ſoumis à fournir une quantité fixe de grains, denrées ou marchandiſes, à une époque déterminée, prétend que la quantité promiſe excédoit *de moitié*, au temps du contrat, celle *du capital prété*.

Lorſque le capital n'eſt pas exprimé au *contrat*, la *preuve* de ſa conſiſtance pourra être faite par d'autres écrits du créancier, & par ſon interrogatoire ſur faits & articles.

C'eſt la diſpoſition textuelle de l'art. *VIII de la loi du 11 frimaire.*

IV. On peut obſerver qu'il n'eſt parlé, dans ces deux cas, que de *preuve par écrit* & par *interrogatoire ſur faits & articles*, & qu'il n'eſt pas fait mention de la *preuve teſtimoniale*. Cependant s'il y avoit un *commencement de preuve par écrit*, rien ne ſemble s'oppoſer à ce que la preuve ſe parachève par la voie de l'*enquéte*, & qu'il faut, ſur ce point, rentrer dans l'ordre commun des procédures pratiquées en cette matière.

# PRIX RÉDUCTIBLE.

Les capitaux fournis en *papier-monnoie*, & soumis à l'*échelle de dépréciation*, présentent deux espèces de prix.

Le *prix réductible* & le *prix réduit*.

Le *prix réductible* est la portion du *capital* non acquitté, & qui est susceptible de réduction.

Lorsque l'opération de la *réduction* est effectuée, ce qui en résulte est appellé *capital réduit*.

Ces deux *prix* sont fréquemment indiqués par les lois des 26 brumaire, 11 frimaire & 16 nivôse, pour la détermination des *intérêts & arrérages des intérêts*, qui se calculent, dans certains cas, sur le *capital réduit*, & dans d'autres, sur le *prix réductible*.

Cette distinction est donc très-importante à saisir, pour ne pas se méprendre sur l'espèce de *prix* qui doit servir de base aux *intérêts*.

Par exemple, quand la *réduction* a été fixée, les intérêts courent à cinq pour cent du *prix réduit*.

Mais les *arrérages d'intérêts échus* avant la *réduction*, se calculent sur le montant du *prix réductible*. Il m'a paru d'autant plus nécessaire de revenir sur cet objet, qu'il a fourni matière à des difficultés qui se trouvent expliquées ci-dessus, au mot INTÉRETS. *Voyez* aussi INTERPRÉTATION.

## PROROGATION DE DÉLAI. *Voyez* DÉLAI.

I. Aux termes de l'art. V de la loi du 11 frimaire de l'an 6, le débiteur qui veut profiter du bénéfice de la *réduction*, doit offrir de rembourfer le *capital réduit* dans le délai d'une année, fous peine de déchéance.

Mais, fi à l'expiration de l'année, ce débiteur eft hors d'état de faire ce remboursement, il peut obtenir une *prorogation de délai*, qui ne pourra cependant excéder un an, conformément aux articles VIII, IX & X de la loi du 15 fructidor, rapportés ci-deffus. *Voyez* DÉLAI.

Ces articles VIII, IX & X de la loi du 15 fructidor, n'ont point été abrogés par la loi du 11 frimaire, qui, au contraire, les a confervés en ces termes ( art. V ) :

Sans préjudice néanmoins de la *prorogation* autorifée par l'art. XVIII ci-après.

Et cet article XVIII eft ainfi conçu :

Tout ce qui a été prefcrit par les articles VIII, IX & X de la loi du 15 fructidor dernier, fera obfervé, quant au délai qui peut être accordé aux débiteurs dont les dettes *font échues*, & aux provifions qui pourront être requifes par les créanciers.

II. Nous avons obfervé dans plufieurs endroits de

cet ouvrage, qu'il y avoit des cas où la loi avoit omis de déclarer dans quel *délai* un remboursement devoit être fait.

Faute de cette explication, le débiteur rentre dans la disposition de la loi du 15 fructidor, relativement à l'obtention du *délai* d'un *an*.

Mais on peut demander si, en pareil cas, les tribunaux font autorisés à prononcer la *prorogation du délai* ; cette *prorogation* semble interdite par l'article VIII de la loi du 15 fructidor an V, qui, en laissant aux tribunaux la faculté d'accorder une *prorogation de délai* pour les dettes échues, borne ce délai à l'*espace d'un an*, disposition qui se trouve ratifiée par l'article XI de la loi du 16 nivôse, en ces termes :

Tout ce qui a été prescrit par la loi du 15 fructidor an 5, au sujet de la *prorogation de délai* que les tribunaux ont la faculté d'accorder aux débiteurs, sera *observé* à l'égard des *obligations* énoncées dans les titres I, II, III & IV de la résolution.

On peut donc conclure de ces dispositions, que les tribunaux ne jouissent qu'*une seule fois* de la faculté d'accorder le délai d'un *an*; quand ce délai vient à la suite & *additionnellement* à un *premier* délai que la loi prononçoit, c'est une *prorogation de délai*; mais quand il est prononcé de *prime abord* par les tribunaux, il ne leur est pas permis de le doubler. En un mot, les tribunaux peuvent *proroger* le délai accordé par la loi, mais ils ne font pas autorifés à *proroger* celui qu'ils ont eux-mêmes accordé. Leur droit eft confommé, au moins voilà le fens que préfentent les lois des 15 fructidor an 5, 11 frimaire & 16 nivôfe an 6.

## PROVISIONS. *Voyez* DÉLAI.

Quand les tribunaux ont accordé au débiteur un délai pour payer, ou que le débiteur tient ce délai de la difpofition de la loi, celui-ci n'en eft pas moins tenu de payer une *provifion* à fon créancier qui fe trouve dans le befoin, et la condamnation s'exécute, nonobftant l'appel.

Les tribunaux pourront auffi, fuivant les circonftances, adjuger des *provifions* aux créanciers, en attendant le jugement du fond, & il fera paffé outre à l'exécution du jugement, nonobftant l'appel, comme en *matières fommaires. Loi du 15 fructidor an 5, art. X.*

On trouve cette difpofition répétée dans la loi du 11 frimaire, art. XVIII, & dans celle du 16 nivôfe, art. XI.

## PUBLICATION.

I. Quelle eft la *publication* qui règle les délais exigés pour la *notification* prefcrite au débiteur?

Ces publications n'ayant pas lieu à une époque

uniforme dans tous les départemens, on peut demander si le délai fatal pour *notifier l'option*, doit se calculer sur le domicile du vendeur, ou sur celui du débiteur ? & si l'un ni l'autre n'ont un domicile notoire, quelle base, en ce cas, pourra-t-on prendre pour régler le délai ?

II. Il faut répondre que ce délai ne court que depuis la *publication* de la loi dans l'arrondissement du domicile du débiteur; le mode de réduction ayant été introduit en sa faveur, il est censé l'adopter, jusqu'à ce qu'il ait fourni une présomption contraire ; cette présomption légale résulte du silence par lui gardé pendant le délai indiqué. *Voyez* DÉLAI.

Or, pour que ce silence s'interprète comme une expression de sa volonté, il faut qu'il soit instruit du vœu de la loi, & du danger auquel il s'expose en ne s'expliquant pas ; mais cette connoissance ne lui parvenant que par la *publication*, c'est une conséquence nécessaire, que le délai, pour la notification de l'option, ne commence, contre le débiteur, que du jour de la *publication* de la loi dans le lieu de son domicile. La loi peut se comparer à un jugement, qui n'a d'effet que du jour de la signification ; la *publication* est à la loi ce que la *signification* est à un jugement.

Mais en cas d'équivoque ou de changement de domicile du débiteur, il faut adopter la *publication* faite dans le ressort de son dernier *domicile connu.*

QUANTITÉ

# QUANTITÉ DÉTERMINÉE.

I. Plufieurs prêteurs ou vendeurs, pour fe mettre à l'abri de la dépréciation du papier-monnoie, ont pris le parti de ftipuler le rembourfement en une *quantité détcrminée* de grains, denrées ou marchandifes, à une époque convenue, ou leur valeur courante au temps de l'échéance.

. Cette ftipulation n'eft point au nombre de celles qu'il eft permis au débiteur de modifier, en offrant le rembourfement fur l'*échelle de dépréciation*; elle doit être exécutée littéralement, d'après le principe expofé ci-deffus, que les obligations payables en une *quantité fixe de denrées*, équivalent à celles ftipulées payables en *numéraire*. *Voyez* OBLIGATIONS, N°. X.

II. Néanmoins fi le débiteur éprouvoit, par cette obligation, une léfion d'*outre-moitié*, alors la loi lui ouvre la voie de la *réduction*.

Les engagemens ainfi conçus pourront, à la réquifition du débiteur, être réduits d'après *l'échelle de dépréciation*, lorfqu'il fera vérifié que la valeur de la quantité promife de grains, denrées ou marchandifes, excédoit de MOITIÉ, au temps du contrat, celle du capital. *Loi du 11 frimaire, article VIII.*

*Voy.* INTERROGATOIRE SUR FAITS ET ARTICLES, PREUVE.

L

Cette léfion *outre-moitié*, quand elle eft prouvée, n'a pas l'effet d'entraîner la réfiliation de l'acte ; elle fe réduit à rabattre l'obligation fur le *pied de l'échelle de dépréciation*.

Par exemple, je me fuis obligé, en 1793, de livrer à la Saint - Jean 1798, la *quantité* de *mille feptiers* de blé-froment, ou leur valeur courante ; fi le rembourfement étoit aujourd'hui exécuté lit-téralement, je ferois expofé à payer 24 à 30,000 l. *numéraire*.

Pour favoir fi je fuis dans le cas de la *réduction*, voici comment il faut opérer :

Combien, en 1793, époque du contrat, me ferois-je procuré de feptiers de blé-froment, avec les 30,000 liv. affignats que j'ai reçues ? S'il eft prouvé qu'au *cours* du *marché d'alors*, je pouvois acheter *mille feptiers*, il n'y a rien à changer à mon obligation, parce qu'elle ne fait que repréfenter la valeur de ce que j'ai reçu. La différence ne devient efficace qu'autant qu'il fera vérifié que ces 30,000 l. n'auroient pas pû fervir à payer *cinq cents* feptiers au prix d'alors ; mais il faut arriver à cette dégradation de valeur, pour rentrer dans le cas des obligations ordinaires, & profiter du bénéfice de la réduction ; & fi la *léfion n'excède* pas la moitié, l'obligation fubfifte.

# QUATORZE FRUCTIDOR AN III.

La date du *14 fructidor an 3*, est d'une grande considération pour les demandes en *rescision*, à titre de *lésion*.

Le *14 fructidor an 3*, une loi fut rendue qui *abolit l'action en rescision des contrats de vente, ou équipolens à vente, entre majeurs pour cause de lésion, à l'égard des ventes qui seroient faites à compter de la publication.*

Cette loi existe encore dans toute sa force, & les ventes postérieures à cette époque ne peuvent plus être déférées en jugement, sur le motif de *lésion*, à moins qu'il n'y ait *minorité*.

L'action en *rescision* pour cause de *lésion entre majeurs*, subsiste néanmoins pour les ventes *antérieures* à la publication de *la loi du 14 fructidor*.

L'exercice de cette action, qui avoit été suspendu par l'art. II de la même loi *du 14 fructidor*, a été restitué par la loi du 3 germinal an 5 , en ces termes :

La suspension provisoire de toute action & de toute instance en rescision des contrats de vente, ou équipollens à vente, pour cause de lésion d'outre moitié, ordonné par l'art. II de la loi du *14 fructidor*, est *levée*.

*Voyez* LÉSION , RESCISION.

———————

# QUITTANCE. *Voyez* DÉLÉGATION.

I. Lorfqu'un acquéreur, pendant le cours du papier-monnoie, a été chargé d'acquiter un créancier par forme de *délégation* ou d'*indication de paiement*, il n'eft pas admis à réduire cette *délégation* fuivant l'*échelle de proportion* à l'époque de la *délégation acceptée*.

La délégation doit être acquitée en fon entier, fuivant la valeur de l'obligation *déléguée* au moment où elle a été contractée par le délégant, qui eft en droit d'exiger la repréfentation de la *quittance* juftificative de l'acquitement de l'obligation déléguée.

II. *Exemple.* Dans le cours de *brumaire* de l'an 3, lorfque *cent francs* étoient repréfentés par un écu de trois liv., mon vendeur m'a chargé de payer 20,000 fr. à un de fes créanciers. Ces 20,000 fr. doivent-ils être entendus en affignats fur le pied de leur réduction avec le numéraire au moment où je traitois ? Non : il faut les entendre fur le pied de la valeur qu'ils avoient à l'époque de la créance que je me charge d'acquiter ; de manière que fi cette créance remonte avant le premier janvier 1791, me voilà obligé de payer 20,000 fr. en *numéraire* & d'en rapporter *quittance* à mon délégant.

Toute délégation & indication de paiement, obligent l'acquéreur à rapporter au vendeur les *quittances* des créanciers délégués. *Loi du 16 nivôfe an 6, art. X.*

Cette condition eſt d'autant plus dure qu'ellé n'avoit pas été conſidérée ſous ce point de vue par pluſieurs *délégataires*, mais elle eſt tempérée par deux modifications.

La première, c'eſt qu'elle n'a lieu que pour les *délégations* qui réſultent de la *vente d'immeubles* : ainſi la même doctrine ne s'applique pas aux délégations provenant de *ſimples obligations* pour prêt. *Voyez* OBLIGATIONS.

*En ſecond lieu :* Si l'acquéreur ſe trouve *léſé* par la charge de cette *délégation*, la loi lui laiſſe la faculté de *réſilier* la vente ; tout ce qu'il a payé au vendeur ou à ſa décharge lui eſt rembourſé d'*après l'échelle de dépréciation*, ſuivant les diverſes époques de chaque paiement.

Dans le cas prévu ci-deſſus, l'acquéreur a la faculté de réſilier, s'il ſe croit léſé ; & tout ce qu'il a payé au vendeur ou à ſa décharge, lui ſera rembourſé d'après l'échelle de proportion, ſelon les époques de chaque paiement. *Loi du 16 nivôſe an 6, art. X.*

III. La loi n'exprimant aucun délai pour ce rembourſement, il faut entendre qu'il eſt exigible au moment même de la *réſiliation. Voyez* DÉLAI.

IV. Mais *quid*, ſi le *délégataire* a mis hors de ſes mains l'immeuble grévé de la *délégation*, la loi n'a pas prévu ce cas & l'a livré à la ſageſſe des tribunaux.

# RAPPORTS DE SUCCESSION.

I. Tous héritiers en ligne directe ou collatérale, venant à partage d'une fucceffion commune, font tenus de rapporter ce qu'ils ont reçu de la part du défunt, & de la même nature qu'ils l'ont reçu.

Les enfans & petits-enfans venant à partage de même que les légitimaires qui demanderont l'expédition de leur légitime, & qui auront droit au fupplément d'icelle, rapporteront à la maffe, en numéraire métallique, ce qui fera juftifié avoir été reçu par eux ou leurs auteurs, pareillement en numéraire & en *valeurs réduites*, d'après le tableau de dépréciation, le montant de ce qui leur aura été payé fur leurs droits fucceffifs ou de légitime, à-compte ou autrement, en papier-monnoie, pendant qu'il a eu cours.

Il en fera ufé de même dans le cas de rapport, des dots & des rapports qui feront faits dans les fucceffions collatérales. *Loi du 16 nivôfe an 6, art. XVI.*

II. Obfervez bien que l'obligation du *rapport* n'a lieu que contre ceux qui viennent à partage ; d'où il réfulte qu'elle ne concerne pas l'*héritier préfomptif* qui renonce pour *s'en tenir à ce qu'il a reçu ;* à moins que la *fucceffion* ne foit ouverte dans une coutume d'*égalité parfaite. Voyez* ÉGALITÉ.

# RÉDUCTION.

La *réduction* du papier-monnoie en valeur numéraire fur une *échelle* de proportion, eft une mefure adoptée par la loi pour rétablir l'équilibre des *valeurs* que le difcrédit du papier avoit rompu.

Mais ce bénéfice n'eft pas tout-à-fait à titre gratuit, & le débiteur l'achette à des conditions affez pénibles.

D'abord, il n'a qu'un bref délai de deux ou trois mois pour notifier fon option; ce délai paffé, il court le rifque de voir convertir fon obligation en *numéraire valeur nominale*, fans efpoir de retour.

Cependant, combien n'y a-t-il pas d'obftacles qui peuvent arrêter cette notification?

D'un autre côté cette même notification donne ouverture au rembourfement pour les *rentes perpétuelles*. Or l'avantage de payer *moins* fe trouve altéré beaucoup par l'obligation de payer *plutôt*.

Néanmoins, vû la difficulté que les circonftances préfentoient pour concilier les intérêts oppofés, ce procédé de *réduction*, accompagné même de ces conditions, eft un acte de juftice & de fageffe auquel il ne manque que quelques difpofitions *complémentaires*.

Les différens *articles* répandus dans cet ouvrage fur le mode & les effets de cette *réduction*, nous difpenfent d'entrer ici dans un plus grand développement.

# REMBOURSEMENT.

I. Le bénéfice de la réduction introduit par les lois *sur les transactions entre particuliers* a cela de remarquable qu'il accélère le *remboursement* de créances dont l'exigibilité étoit reportée à un temps éloigné, & que même il entraîne le *remboursement* des capitaux qui, par leur nature, n'étoient point susceptibles d'un *remboursement forcé*.

*Par exemple :* Une obligation payable dans dix ans ou après la mort du débiteur, devient *exigible*, dès que le débiteur annonce l'intention de *réduire*.

Un contrat de constitution de rente perpétuelle, dont le capital *aliéné* ne fut jamais remboursable qu'à la volonté du débiteur, tombe en *remboursement* au même instant que le débiteur a fait sa *notification*, & la loi n'a pas même procuré à celui-ci l'avantage d'un *délai*. *Voyez* DÉLAI.

Cependant il y auroit quelques observations à faire sur cette accélération rigoureuse qui, sans doute, jettera beaucoup de débiteurs dans l'embarras.

II. Mais, que dire de ceux qui, après avoir souscrit des engagemens à *longs termes*, ont ensuite fourni à leurs créanciers des billets d'*intérêts* pour chaque année, jusqu'à l'*exigibilité* du capital ?

Il se rencontre beaucoup de *billets* de cette espèce,

qui d'ailleurs ne font aucune mention de leur origine.

Voici à quoi ces *débiteurs* feront exposés :

1°. Ils rembourferont le capital dans le délai de *deux années*.

2°. Ils paieront chaque année l'intérêt à cinq pour cent du *capital réduit*.

3°. De plus, ils feront encore tenus de *réduire* les billets d'*intérêts*, & de les acquiter en *numéraire*.

4°. De payer les intérêts à cinq pour cent de ce *nouveau capital* (qui n'eft lui-même que la repréfentation d'autres *intérêts*).

Ainfi ils paieront deux fois les *intérêts* d'un capital qui fera forti de leurs mains pour rentrer dans celles du créancier.

Il eft vrai que fi le débiteur demandoit à prouver l'*origine* de ces billets, & qu'il parvînt à démontrer foit par les écrits du créancier, foit par fon *interrogatoire fur faits & articles*, que ce font des *billets d'intérêts* d'un capital *éteint*, alors il y auroit lieu de les rejeter.

Mais ce remede même a fes inconvéniens.

Par exemple, ces billets peuvent fe trouver en mains *tierces*, & les *porteurs* demanderont à être payés, fauf le recours du débiteur contre le créancier originaire.

Le *débiteur* de pareils billets qui craint que tôt ou tard ils ne lui foient préfentés, eft-il en droit de retenir entre fes mains le *capital réduit* pour lui fervir de gage ?

III. Il y aura beaucoup de débiteurs qui, par l'impuissance d'effectuer ce *remboursement accéléré*, négligeront de faire la *notification* de réduction, laissant à leurs créanciers les dangers de l'évènement.

Ceux-ci, témoins de cette insouciance qui doit retomber sur eux, ont-ils quelque moyen de la prévenir, en offrant eux-mêmes le *remboursement ?*

Le créancier de l'*obligation réductible* aura-t-il le droit de se refuser aux offres d'un pareil *remboursement*, sur le motif que cette faculté n'est accordée qu'au *débiteur* lui-même ?

Il y a encore une quantité d'autres difficultés qu'il est inutile ici de prévenir, & qui donneront de l'exercice aux tribunaux.

## REMPLOI DES DENIERS DOTAUX.
*Voyez* CONSTITUTION DOTALE.

---

## RENONCIATION.
*Voyez* ALIÉNATION D'IMMEUBLES.

Une des conditions indispensables pour mettre le débiteur à portée de jouir du bénéfice de la *réduction*, c'est d'accompagner sa *notification* d'une déclaration portant *renonciation* aux termes stipulés dans le contrat, & qui excéderoient ceux indiqués par les lois des 11 frimaire & 16 nivôse.

Ces termes sont de *deux ans* au-delà de l'époque

du 29 meſſidor an 4, pour les obligations à titre de ſimple prêt.

Lorſque l'obligation aura été paſſée *à plus de deux ans de terme au-delà de l'époque du 29 meſſidor an 4*, le débiteur ne ſera admis à demander la réduction, qu'autant qu'il aura légalement notifié au créancier... *ſa renonciation* aux termes à écheoir. *Loi du 11 frimaire, art. V.*

Mais le terme eſt de trois ans pour les ventes d'immeubles.

L'acquéreur ne pourra, au ſurplus, demander la réduction qu'aux conditions ſuivantes..., 1°. &c ; 2°. de *renoncer*, le cas échéant, aux termes ſtipulés par le contrat de vente, qui auroient été portés à plus de *trois ans* au-delà de la publication de la loi du 29 meſſidor an 4. *Loi du 16 nivôſe, art. VI.*

## RENTES PERPÉTUELLES.

I. Il faut diſtinguer celles qui procèdent de l'*aliénation d'immeubles*, & celles qui procèdent d'un *capital fourni* en papier-monnoie.

II. A l'égard des *premières*, elles ſont ſoumiſes aux formalités introduites pour les *ventes d'im-*

*meubles à longs termes ;* il y a même cela de particulier, que le délai de la *notification* n'eſt que de
*deux mois ,* à la différence des ventes à *termes fixes ,*
qui ſont de *trois mois.*

Si mieux ils n'aiment remplir les conditions preſcrites par l'art. VI, pour les prix
des *ventes à longs termes ,* ce qu'ils feront
tenus *d'opter ,* & de notifier à leurs créanciers dans le délai *de deux mois. Loi additionnelle du 16 nivôſe , art. V.*

A défaut de ces formalités , la rente devient
exigible en *numéraire ,* & le capital également rem-
bourſable en *numéraire* & *ſans réduction.*

A l'égard des rentes perpétuelles qui ont
la même origine ( vente d'immeubles ) elles
feront également acquitées en *numéraire
& ſans réduction ,* juſqu'au rachat d'icelles.
*Loi du 16 nivôſe , art. VIII.*

Les débiteurs de rentes perpétuelles
ayant pour cauſe une aliénation d'immeubles , feront tenus , dans le cas du rachat ,
de rembourſer le capital en numéraire métallique. *Loi additionnelle du 16 nivôſe , article V.*

**III.** Quant aux *rentes perpétuelles* conſtituées pour *capital fourni en papier-monnoie*, elles rentrent dans la claſſe des *obligations à longs termes* pour cauſe de *ſimple prêt*, & il faut leur appliquer ce qui a été dit à ce ſujet au mot OBLIGATION.

*Voyez* CONDITIONS REQUISES, DÉLAI.

# RENTES VIAGÈRES

*Procédant de l'aliénation d'immeubles.*

**I.** Les rentes viagères qui procèdent de l'*aliénation d'immeubles*, & qui ont été conſtituées avant 1791, ſont exigibles en numéraire.

Celles qui ont été conſtituées au même titre, depuis le premier janvier 1791, ſont également payables *en numéraire*, ſans réduction, avec cette différence ſeulement que le débiteur de la rente a le choix de *réſilier* le contrat, auquel cas il eſt déchargé de la rente, en acquittant les *arrérages échus*. *Voyez* ARRÉRAGES.

A l'égard des précautions à prendre & des formalités à remplir pour obtenir cette réſiliation, *voyez* DÉLAI, NOTIFICATION, RÉSILIATION.

**II.** Mais une difficulté s'élèvera peut-être; ce ſera celle de ſavoir ſi la faculté *de réſilier* s'applique aux rentes conſtituées *dans le cours de l'année 1791*. La raiſon de douter réſulte de l'article I<sup>er</sup> de la *loi du*

13 *pluviôſe* , concernant *les rentes viagères* , qui porte expreſſément que :

Les rentes viagères crées par contrats *antérieurs au premier janvier 1792 , v. ſt.* , incluſivement, continueront d'être acquitées valeur nominale, & ſans réduction.

Cette date du premier janvier 1792, embraſſant toutes *les rentes viagères* ſans diſtinction , ſemble enlever le bénéfice de la réſiliation à celles contractées dans le cours de 1791 , ce qui ſeroit une contradiction avec la loi du 16 nivôſe.

Néanmoins je penſe qu'il faut réduire cette diſpoſition aux *rentes viagères* qui ont une autre origine que l'*aliénation d'immeubles* , la loi du 13 pluviôſe n'étant pas relative aux rentes ce cette eſpèce.

## RENTES VIAGÈRES

*Qui ne procèdent pas d'aliénation d'immeubles.*

I. Comme l'objet de cet ouvrage eſt d'apporter la plus grande clarté dans une matière aſſez compliquée par elle-même, il eſt à propos de diviſer cette eſpèce de *rentes viagères* en deux parties.

La première relative à celles qui ſont inacceſſibles à la réduction, & la deuxième à celles qui en ſont ſuſceptibles.

## PREMIÈRE PARTIE.

*Rentes viagères non réductibles , & payables valeur nominale en numéraire.*

### I.

**II. CELLES** qui ont été conftituées AVANT le 1er. janvier 1792 *inclufivement. Voyez* ci-deffus RENTES VIAGÈRES, n°. 11.

### I I.

**III. CELLES** qui , étant *poftérieures* au premier janvier 1792 , ont cependant une origine plus ancienne, & forment la repréfentation d'une créance ou d'un droit certain , antérieur au premier janvier 1792. Loi du 13 pluviôfe , art. III.

### I I I.

*Vente de mobilier.*

**IV. CELLES** qui ont été établies par des contrats poftérieurs au premier janvier 1792 pour capital fourni en efpèces *métalliques* ou en *denrées* , en *marchandifes* ou *meubles ;* mais pourvu que ces objets n'aient pas été eftimés en papier-monnoie , art. III.

*Par exemple* , je vous ai vendu ma bibliothèque moyennant 600 liv. de *rente viagère* , fans qu'il y ait rien qui détermine la *valeur* de la bibliothèque ; en ce cas la *rente* eft payable en *numéraire valeur nominale.*

Mais fi le contrat donne un prix quelconque à la bibliothèque vendue , alors la rente devient réductible, suivant le mode établi pour les capitaux fournis en papier-monnoie.

A la différence des *rentes viagères* établies pour vente d'immeubles qui donnent lieu à la *résiliation* du marché, qu'il y ait ou qu'il n'y ait pas de préfixion du capital, suivant l'article VII de la loi du 16 nivôse.

## I V.

### *Stipulation en numéraire & denrées.*

V. CELLES qui ont été *stipulées payables en numéraire métallique, ou en grains & autres denrées.*

Dans tous ces cas, les parties se font fait à elles-mêmes une *loi* si claire & si précise, qu'elles n'ont plus besoin du secours de la *loi générale* pour interprêter leur intention. Néanmoins, il faut avouer qu'il se trouvera des circonstances où une pareille disposition paroîtra bien rigoureuse. *Lex dura, scripta.*

## V.

### *Clause de paiement en monnoie ayant cours.*

VI. CELLES à l'égard desquelles le *changement d'espèces* aura été expressément *prévu* par le titre constitutif, & où le débiteur se sera soumis d'acquiter la *rente en la monnoie qui aura cours aux échéances. Ibid.* art. III.

Il y a un grand nombre de *contrats* qui portent cette disposition, dont les conséquences n'étoient

pas

pas prévues par les parties débiteurs. On peut faire
à ce sujet la même observation que ci-dessus.

## V I.

### *Condamnation.*

VII. Celles qui ont été accordées *par jugement*
pendant la durée de la dépréciation du papier-monnoie, sans expression d'aucun capital fourni, soit
pour tenir lieu d'aliment, soit pour toute autre
cause. *Ibid.* art. III.

## V I I.

### *Contrats.*

VIII. Celles qui ont été stipulées par *contrats*,
sans expression d'aucun capital fourni, soit pour
tenir lieu d'aliment, soit pour toute autre cause.
*Ibid.* art. III.

Dans ce cas, comme dans le précédent, la loi
suppose que la *rente viagère* a été constituée, avec
l'expectative du *retour du numéraire*, de manière
qu'en ordonnant le paiement de pareille *rente* en *numéraire* & *sans réduction*, la loi ne fait que confir-
mer le vœu des juges & des parties.

## V I I I.

### *Testament.*

IX. A l'égard de *rentes viagères* léguées par *testa-
ment*, font-elles aussi *irréductibles* ? Cette circonstance
se trouve omise dans l'article, il n'y est parlé que

des *rentes* promifes & ftipulées par *contrats*. Mais un teftament n'eft pas un acte qui foit au rang des *contrats*.

La queftion eft d'autant plus délicate, qu'elle femble jugée en faveur des *légataires* par l'art. 17 de la *loi du 11 frimaire*, qui a prévu le cas où les *rentes* à titre de *pure libéralité*, auroient été conftituées par des actes à *caufe de mort*. *Voyez* LIBÉRALITÉS.

Mais convient-il de confulter une loi de la veille pour expliquer celle du lendemain, de corriger le filence de l'une par les difpofitions de l'autre ? Nous voilà retombés dans l'abus des *commentaires* & des variétés de *jurifprudence* dans les divers tribunaux ; il n'y a qu'un *article additionnel* qui puiffe rétablir l'uniformité des décifions. *Voyez* INTERPRÉTATION.

Ici fe termine l'état des *rentes viagères* exemptes de réduction ; celles qui vont fuivre, font *réductibles* dans les *proportions* indiquées.

## DEUXIÈME PARTIE.

### *Des rentes viagères réductibles.*

### I.

#### *Du premier janvier 1792 au premier juillet 1793.*

X. CELLES qui ont été créées moyennant un capital fourni en papier-monnoie depuis le premier janvier 1792 jufqu'au premier juillet 1793, font exigibles *valeur nominale* fans réduction, mais à cette condition, qu'elles n'excéderont pas dix pour cent fur la tête d'un prêteur âgé de *70 ans* accomplis, en partant de l'époque du contrat ; de 9 pour cent fur la tête d'un *fexagénaire*, de huit pour cent fur une feule tête d'un âge inférieur, & enfin de fept pour cent fur deux ou plufieurs têtes. Loi du 13 pluviôfe, art. V.

Il y a donc cette différence entre les *rentes viagères* conftituées avant le premier janvier 1792, & celles conftituées entre le premier janvier 1792 jufqu'au premier juillet 1793, que les premières font exigibles en *numéraire* fans réduction, à *quelque taux qu'elles foient portées*, au lieu que celles-ci ne font *irréductibles* que jufqu'au *maximum* indiqué par la loi.

## I I.

*Du premier juillet 1793, au 22 feptembre 1794, correfpondant au premier vendémiaire de l'an 3.*

XI. Les *rentes viagères* conftituées dans cet inter-valle (qui eft environ de 15 mois), font réduc-tibles dans les proportions fuivantes :

A 7 pour 100 fur la tête d'un feptuagénaire.

A 6 pour 100 fur la tête d'un fexagénaire.

A 5 pour 100 fur la tête d'un prêteur d'un âge inférieur.

Et à 4 pour 100 fur deux ou plufieurs têtes de *tout âge. Ibid.* art. VI.

## I I I.

*Depuis le premier vendémiaire an 3, jusqu'à la publication de la loi du 12 frimaire an 4.*

XII. Les *rentes viagères* conſtituées dans cet eſpace de temps ( qui eſt d'un an environ ), ſont aſſujéties à un *maximum* de trois & demi pour cent, pour le mois de vendémiaire an 3 ; c'eſt-à-dire, que les contrats paſſés dans ce mois, ne peuvent procurer au créancier de la rente, au-delà de trois & demi pour cent *du capital* qu'il aura fourni en aſſignats.

A l'égard des contrats paſſés dans les mois ſuivans, ils ſubiſſent un décroiſſement progreſſif, de telle manière qu'ils retombent à *un* pour *cent*, qui eſt le *minimum* de la réduction.

Cette dégradation ſucceſſive, *mois* par *mois*, depuis vendémiaire an 3 , juſqu'à *frimaire an 4*, eſt réglée par un *tarif* annexé à la loi du 13 pluviôſe, & qui eſt jointe au *recueil* placé à la fin de cet ouvrage.

XIII. Cet aviliſſement graduel a été tempéré par une eſpèce de gratification d'*un demi pour cent* de plus en faveur des rentiers de plus de ſoixante ans, & d'un pour cent en faveur des rentiers de ſoixante-dix ans.

En ſorte que les rentiers de ſoixante ans auront quatre pour cent, pour les contrats paſſés en vendémiaire an 3 , & les rentiers de ſoixante-dix ans auront *quatre & demi*, au lieu de trois & demi pour cent accordés par le tarif.

Le même avantage fe propage, pour eux, dans tous les mois fubféquens, jufqu'en frimaire an 4, de telle manière que la proportion indiquée au tarif, doit toujours être renforcée d'un *demi* pour *cent*, quand il s'agit d'un rentier de plus de foixante ans, & d'*un* pour *cent* quand il s'agit d'un rentier de plus de foixante-dix ans.

Et par conféquent le *minimum* de ces rentiers, au lieu d'être, en brumaire & frimaire de l'an 4, d'un pour cent, fe trouve porté à *un & demi* pour les rentiers de foixante ans, *deux* pour *cent* pour les rentiers de foixante-dix ans.

Telle eft la fubftance des art. VII & VIII de la loi du 13 pluviôfe.

XIV. Dans le même efpace de temps, du premier vendémiaire an 3, jufqu'à la loi du 12 frimaire an 4, il y a eu beaucoup de rentes viagères conftituées fur deux têtes.

A l'égard de ces rentes, la loi fait une défalcation fur la portion indiquée au tarif.

Cette déduction eft d'*un* pour *cent*; ainfi, les rentiers de cette claffe auront leur taux, en exécution du tarif, mais MOINS *un* pour *cent*; diminution qui a paru convenable pour compenfer la jouiffance de la rente, prolongée fur une feconde tête. Néanmoins, comme cette diminution auroit annéanti les rentes conftituées en *brumaire & frimaire an 4*, il eſt réglé qu'elle ne pourra pas ravaller *la rente* au-deſſous de *demi pour cent.*

Ainſi , ſuppoſons que quelqu'un ait placé, au mois de frimaire an 4ᵉ, 30,000 liv. *aſſignats* ſur *deux* têtes.

Le tarif ne donnant *qu'un pour cent* pour les conſtitutions faites à cette époque , la rente devroit être réduite à 300 liv.; mais la circonſtance de deux têtes la réduit à 150 liv.

Voilà donc deux perſonnes qui ſe ſont aſſurées, en ſurvivance l'une de l'autre, 150 liv. de rente, pour une capital de *30,000 liv.* aſſignats, qu'elles ont pû ſe procurer , à la même époque , avec moins de *trois cents livres numéraire.*

Obſervons même que cette diminution d'*un pour cent* n'eſt pas applicable aux rentes créées ſur deux têtes *âgées de ſoixante ans accomplis ;* de ſorte que dans l'hypothèſe ci-deſſus, elles jouiroient ſucceſſivement de 300 liv. de rente, qui équivalent au *capital fourni.*

Il y a même telle combinaiſon qui, d'après le tarif, pourroit donner une *rente* ſupérieure au *capital fourni ,* ce qui préſenteroit un avantage exorbitant.

C'eſt pour prévenir cet abus du tarif, que l'art. **X** de la loi du *13 pluviôſe* DÉCLARE que :

Dans aucun des cas ci-deſſus, le débiteur ne pourra être obligé de *payer annuellement* PLUS *du capital de la valeur des aſſignats , réduit* d'après l'échelle de dépréciation du département où le contrat a été paſſé. *Loi du 13 pluviôſe.*

### I V.

*Depuis la publication de la loi du 12 frimaire an 4, juſqu'à celle du 15 germinal ſuivant.*

XV. L'extrême aviliſſement des aſſignats, durant cet intervalle de temps, ne permettant plus de ſuivre le mode de calcul pratiqué pour les époques précédentes, la loi du 13 pluviôſe ſoumet à un autre régime les conſtitutions de *rentes viagères*, paſſées du *12 frimaire* an 4, *au 15 germinal* ſuivant.

Elle adopte l'appréciation qui avoit déjà été introduite, vers le même temps, pour l'*emprunt forcé*; c'eſt-à-dire, de n'admettre le *capital* fourni en *aſſignats*, que pour *le centième de ſa valeur nominale.*

Enſuite elle charge ce *capital réduit* d'un intérêt plus ou moins fort, en raiſon de l'âge du créancier, dans la *proportion* ſuivante :

15 pour 100 au profit des ſeptuagénaires.

12 pour 100 au profit des ſexagénaires.

Et 10 pour 100 au profit des perſonnes d'un âge inférieur.

Exemple : un homme de 71 ans a prêté, en nivôſe an 4, cinq cents mille livres aſſignats, à la charge d'une *rente viagère* ; combien lui revient-il par l'effet du procédé en queſtion ?

D'abord, les *cinq cents mille livres* réduites au

centième, donnent un *capital* numéraire de 5,000 l.

Enfuite reconftituez ce capital en une *rente viagère* à 15 pour 100, vous aurez 750 liv. à payer à ce *rentier.*

XVI. Au furplus, ces diverfes combinaifons de décroiffemens graduels ont été imaginées à la décharge du débiteur ; fi, néanmoins, il arrivoit qu'il crût avoir intérêt de préférer l'exécution littérale du contrat, l'option lui en eft laiffée, & même elle eft préfumée de droit, s'il n'a pas fait une *notification de réduction* à fon créancier, dans *le délai de deux mois*, à compter de la publication de la loi ; à défaut de cette notification, les débiteurs font cenfés avoir opté la continuation du paiement de la rente, au taux & à la *valeur nominale* déterminé par la convention. Art. XIII.

### *Obfervation importante.*

XVII. Nous ne pouvons pas trop répéter que la loi ne s'explique en pareille matière, que pour fuppléer au filence des parties intéreffées ; mais s'il y a eu entr'elles quelque *accord* à ce fujet, le *mode* qu'elles ont adopté prévaut fur celui que la loi leur indique.

Cette déclaration fe trouve répétée dans la loi du 13 pluviôfe, en ces termes :

Les fixations & *réductions* faites par les articles V, VI, VII, VIII & IX font, *fans préjudice de l'exécution des conventions* des parties, dans le cas où les rentes viagères auroient été créées à des *taux inférieurs*.

D'où il faut tirer deux conféquences :

D'abord, que fi le débiteur de la rente fe trouve traité plus favorablement, par le contrat de conftitution, qu'il ne le feroit par la loi du 13 pluviôfe, le rentier n'eft pas *recevable* à chercher, dans cette loi, un moyen de faire fa condition meilleure; en ce cas, la loi n'eft pas faite pour lui, & le calcul *conventionnel* l'emporte fur le calcul *légal*.

*En fecond lieu*, fi, poftérieurement au contrat de conftitution, les parties ont elles-mêmes réduit la rente, le *taux conventionel* fera encore une loi irréfragable contre les prétentions du créancier qui voudroit revenir à la loi du 13 pluviôfe, pour y trouver une augmentation. *Voyez* ACCORD, TRANSACTIONS.

## REPRISES MATRIMONIALES.

*Voyez* CONSTITUTION DOTALE, RÉSILIATION, n°. V.

## RESCISION.

I. La loi du 16 nivôfe, après avoir réfervé expreffément dans fon art. V l'action en refcifion pour les ventes antérieures au 14 fructidor an 3, ajoute ce qui fuit :

*Dont le mode & les effets feront réglés par une loi*

*particulière.* Ces expressions se rapportent à l'*action en lésion*, & font croire que le corps législatif se proposoit à cette époque d'introduire quelque *réforme* dans les procédures usitées jusqu'à présent en pareille matière.

Cependant il ne s'est rien passé depuis cette loi dans l'assemblée du corps législatif qui ait réalisé cette expectative.

En faut-il conclure qu'il y a un *interdit jeté* sur les demandes en rescision, & qu'elles doivent être suspendues jusqu'à l'avènement de la *loi particulière* annoncée par la loi du 16 nivôse sur le *mode & les effets de l'action en rescision ?*

J'ose assurer que ce seroit là une conséquence très-vicieuse, & qui seroit en contradiction avec l'intention manifestée du *corps législatif*, de restituer aux actions en *rescision* la plénitude de leur exercice, au moins quant aux aliénations antérieures au 14 fructidor an 3.

Il suffit, pour s'en convaincre, de lire le *considérant* de la loi du 3 germinal an 5.

Considérant que le corps législatif ne sauroit trop se *hâter* de rendre *à la justice tout son cours.*

Or, ce vœu seroit sans effet, si l'exercice de cette action étoit encore en *suspens.*

D'ailleurs, de quoi serviroit donc la loi du 3 germinal qui lève la *suspension* de ces *actions*, si cette *suspension* se trouvoit implicitement rétablie par celle du 16 nivôse ?

Il faut donc tenir pour certain que cette action est remise en activité, & qu'elle doit se gouverner par les anciens principes admis en cette matière, jusqu'à ce qu'il y ait eu quelque loi *particulière* à cet égard.

On a élevé la difficulté de savoir si l'exercice des actions en lésion avoit lieu pour celles qui n'étoient pas encore intentées, ou si cette faculté se réduisoit aux demandes déjà formées avant le 14 fructidor.

Mais la question ayant été proposée au conseil des cinq cents, il fut passé à *l'ordre du jour* sur le rapport d'une commission *ad hoc*, motivé sur ce que la disposition de la loi déclaroit assez clairement, que la suspension étoit levée pour les actions *formées* & à *former*, contre les ventes antérieures au 14 fructidor. Arrêté du 13 prairial an 5.

II. Nous observerons seulement que le *paiement effectué* en tout ou partie, n'est point une *fin de non-recevoir* contre les actions en *rescision ;* car c'est le paiement même qui fait la *lésion.*

Exemple : j'ai vendu ma maison en 1794 pour 200,000 l. assignats que j'ai reçues depuis en entier. En calculant le prix de la vente sous son rapport avec le *numéraire*, il se trouve que je n'ai vendu ma maison que 10,000 liv., lorsque sa valeur réelle est de 30,000 liv.

Assurément il y a lésion énorme.

Ne me faites pas un reproche d'avoir reçu, car fi vous me deviez encore une partie du prix, il n'y auroit plus de *léfion*.

Suppofons en effet, qu'au lieu d'avoir reçu la totalité du prix, je n'aie reçu que la *moitié*.

Voici comment le calcul fe feroit :

La maifon étant eftimée 30,000 liv., vous refterez débiteur de 15,000 liv.; ( pour la moitié reftante ) . . . . . . . . . . . . . . . . . . . . . . . 15,000 liv.

A quoi il faut ajouter les 100,000 liv. affignats payés, & qui repréfentent . . . 5,000

_________________

20,000

En ce cas il n'y avoit plus de léfion fuffifante.

C'eft donc le *paiement effectué*, qui à parler exactement, conftitue la *léfion*, & qui juftifie ma réclamation. Or, il feroit inconféquent d'aller puifer un moyen de défenfe contre ma demande dans la circonftance même qui l'a fait naître.

## RÉSILIATION.

I. C'eft une reffource que la loi a ménagée en plufieurs occafions à l'acquéreur ou au fermier qui fe croiroient léfés par la condition que leur impofent les nouvelles lois.

Ainfi, celui qui a acquis un immeuble à *la charge d'une rente viagère*, s'allège de cette obligation en offrant la réfiliation du contrat.

Les rentes viagères créées pour caufe

d'aliénation d'immeubles , foit qu'elles l'aient été fans préfixion de capital, ou moyennant un capital formant partie du prix de la vente, continueront d'être acquitées en efpèces métalliques & fans réduction, fi mieux le débiteur n'aime réfilier le contrat, en acquittant les arrérages; ce qu'il fera tenu d'opter dans les *deux mois* de la publication de la vente. *Loi du 16 nivôfe an 6, art. VII.*

II. Quand un acquéreur s'eft chargé d'acquiter une délégation qui lui devient trop onéreufe par fa difproportion avec la valeur du bien, il eft également admis à offrir la *réfiliation.*

Dans le cas ci-deffus prévu, l'acquéreur a la faculté de *réfilier*, s'il fe croit léfé, & tout ce qu'il a payé au vendeur ou à fa décharge lui fera remboursé d'après l'échelle de dépréciation, felon les époques des divers paiemens. *Loi du 16 nivôfe an 6, article X.*

*Voyez* DÉLÉGATION, QUITTANCE.

III. Cet article a omis de fpécifier le délai dans lequel le délégataire devoit en ce cas notifier fes offres de *réfilier.*

Mais la fimilitude de fituation autorife le même délai que celui accordé par l'art. VII aux acquéreurs chargés de rentes viagères.

IV. La loi du 5 meffidor an 5 ayant impofé quelques conditions aux baux à ferme paffés durant le cours des affignats, il a été permis aux fermiers de s'en dégager par une offre de *réfiliation* notifiée dans le délai d'un mois. *Voyez* DÉLAI.

V. Cette facilité laiffée à un *acquéreur d'immeubles* à charge de *rente viagère*, de fe dégager par le moyen de la *réfiliation*, n'eft pas tout-à-fait fans inconvénient.

On peut demander ce que deviendront les *hypothèques* qui fe trouveroient établies fur cet immeuble pendant qu'il étoit entre les mains de l'acquéreur ? Eft-ce l'intention de la loi qu'il retourne au *vendeur* libre de toutes charges, & tel qu'il étoit avant l'*aliénation* ; ou bien n'y rentre-t-il que grévé des nouvelles charges qu'il auroit pu rencontrer dans fon paffage d'une main à l'autre ?

Cette réfiliation doit-elle être confidérée comme une *vente nouvelle* qui exige des *lettres de ratification ?* & le cas arrivant où des créanciers de l'acquéreur auroient fait faifir réellement l'*immeuble*, la *réfiliation* feroit-elle tomber, de droit, cette *faifie réelle*, comme frappant *fuper non domino ?* Le vendeur reprendra-t-il, vis-à-vis de ces créanciers, la qualité de *propriétaire ?* ou bien ne pourra-t-il venir qu'à titre de créancier *privilégié*, fur le prix de l'immeuble ? &c.

Ces queftions peuvent devenir importantes quand l'immeuble fe trouve (au moment de la *réfiliation*) d'une plus grande valeur que le prix de la vente;

alors, en accordant au vendeur fon privilége, il refte encore aux créanciers un *excédant de prix*, fur lequel ils pourroient exercer leurs reprifes.

Il me femble que ces difficultés doivent fe réfoudre par les principes admis en matière de réfolution de ventes, & dont voici la fubftance :

Quand la vente eft annullée par un vice *intrinfeque* & adhérent au contrat, le bien rentre dans la main du *vendeur*, comme il en eft forti, & libre de toutes charges ultérieures ; parce qu'en ce cas, il n'y a pas eu de vente, mais feulement un *fimulacre* de vente, qui n'avoit rien de réel.

Lorfqu'au contraire, la vente eft annullée par une caufe *extrinfeque*, qui eft le réfultat de quelque nouveau paĉte entre les parties, l'immeuble ne revient entre les mains de l'ancien propriétaire, qu'à la charge des nouvelles hypothèques dont il fe trouve grévé. C'eft à parler exaĉtement une vente nouvelle, au point qu'elle auroit engendré des *droits de lods & ventes*, & que l'objet feroit devenu un *acquêt* de *propre* qu'il étoit auparavant.

SÉQUESTRES. *Voyez* DÉLAI, DÉPOSITAIRES.

---

SOCIÉTÉ. *Voyez* ASSOCIÉS.

---

## SUBROGATION.

I. La loi du 11 frimaire, article **X**, refuſe le bénéfice de la *ſubrogation* aux prêteurs d'aſſignats, leſquels ont été employés à rembourſer les anciens créanciers de l'emprunteur. Quel que ſoit l'emploi que l'emprunteur ait fait des *aſſignats*, il n'eſt tenu de les rembourſer que ſur l'*échelle de réduction*, à dater du temps de l'emprunt.

II. Il en faut dire autant de ceux qui auroient employé les *aſſignats* empruntés à l'acquiſition de biens-fonds, ou d'objets mobiliers ; quelque avantageux que puiſſent être ces marchés pour l'emprunteur, ils ne fourniſſent au prêteur aucun droit pour échaper à l'*échelle de proportion*. *Voyez* EMPRUNT.

III. Quand, entre pluſieurs *co-obligés* de la même date, un d'eux l'a rembourſée en *aſſignats*, avec la précaution de ſe *faire ſubroger* aux droits du créancier, cette précaution ne le ſauve pas de la réduction.

Il en ſera uſé de même à l'égard du co-obligé

co-obligé qui s'eſt fait ſubroger aux droits d'un créancier commun, en payant la part d'un autre débiteur. *Loi du 11 frimaire an 6, art. X.*

Des créanciers ſont-ils *ſubrogés* au droit de leur débiteur, pour offrir la *réduction* & prévenir la déchéance ? *Voyez* REMBOURSEMENT.

N

## TABLEAU DE DÉPRÉCIATION.

Ce *tableau* eſt auſſi connu ſous le nom d'*échelle de proportion*.

Sur les motifs qui lui ont ſervi d'origine, *voyez* ÉCHELLE DE PROPORTION , DÉPRÉCIATION, VALEUR NOMINALE , VALEUR D'OPINION.

Ce travail a été exécuté en vertu de la loi du 5 meſſidor an 5 , en ces termes :

Pour régler la *valeur d'opinion* du papier-monnoie, il ſera fait dans chaque département, un tableau des valeurs ſucceſſives de ce papier, à partir du premier janvier 1791 (v. ſt.), &c.

Ce *tableau* a dû être calculé ſur un extrait des notes tenues à la *tréſorerie nationale*, du cours du papier - monnoie, combinées avec celles qui auroient pû avoir été tenues dans les places de commerce du département, & avec la valeur qu'auroient eue les immeubles, les denrées & les marchandiſes *dans leur libre cours*, aux époques correſpondantes avec les *notes*. Art. IV.

Nonobſtant tous les ſoins apportés pour atteindre cette *appréciation*, ces *tableaux* ont excité des réclamations qui ſont actuellement déférées au *corps légiſlatif*.

On peut demander quel eſt le *tableau* qui doit régler la réductibilité d'un immeuble vendu pendant la *dépréciation* du *papier-monnoie*.

Eft-ce le *tableau* du *domicile* du vendeur ?

Eft-ce celui du *domicile* de l'acquéreur ?

Ou bien le *tableau* du département où l'immeuble eft fitué.

Ou bien celui du lieu où *le contrat a été paffé.*

Ou bien enfin celui du lieu où le *paiement doit être effectué.*

Cette diftinction eft bien importante, en ce que les *tableaux* de quelques départemens varient tellement entre eux, que les parties pourront avoir fouvent le plus grand intérêt à choifir *un tableau* préférablement à *l'autre.*

D'abord, il faut rejeter les trois premières queftions relatives au *domicile* des parties & à la fituation des biens ; les lois s'expliquent de manière à ne donner aucun effet à ces trois efpèces de *tableaux.*

Mais il en eft autrement à l'égard du lieu où le paiement doit *être effectué.* La loi du 5 thermidor an 5 déclare que c'eft le lieu deftiné au paiement qui doit déterminer le choix du *tableau.*

Nul ne pourra refufer fon paiement, en mandats au cours du jour *& du lieu où le paiement a dû s'effectuer. Loi du 5 thermidor an 5, art. II.*

*Voyez* COURS FORCÉ.

Ainfi, d'après cette loi, c'eft *le lieu indiqué pour le paiement* qui décide le choix du *cours* ; & comme la déclaration du cours fe rencontre dans le *tableau,* il résulte que c'est le *tableau du lieu du paiement* qu'il faut consulter.

Mais cette décision se trouve placée entre deux autres lois qui prononcent formellement le contraire, & qui sans tenir aucun compte *du lieu où le paiement doit être effectué*, indiquent, pour règle unique de réductibilité, le *tableau de dépréciation* du département *où le contrat a été passé*.

La première de ces deux lois est celle *du 5 messidor an 5*, portant établissement d'un *tableau de dépréciation* : l'article premier est ainsi conçu :

Lorsqu'il y aura lieu de réduire en numéraire métallique, la *valeur nominale* d'une obligation, la réduction sera faite, eu égard à *la valeur d'opinion* du papier-monnoie, *au moment du contrat, dans le département où il aura été fait. Loi du 5 messidor an 5, article I.*

La deuxième loi est celle *du 13 pluviôse* dernier concernant les *rentes viagères* ; l'art. X de cette loi confirme encore le *tableau du lieu où le contrat a été passé*, comme la règle à suivre entre le créancier & le débiteur.

*Dans aucun des cas ci-dessus, le débiteur ne pourra être obligé de payer annuellement plus du capital de la valeur des assignats, réduits d'après l'échelle de dépréciation du département où le contrat a été passé. Loi du 13 pluviôse an 6, art. X.*

Ainſi l'on voit qu'il y a une eſpèce de concurrence ouverte entre le *tableau* du lieu *où* le paiement doit être effectué, & celui du *lieu* où le contrat a été paſſé ; & cette rivalité pourra malheureuſement devenir la ſource de conteſtations, juſqu'à ce qu'une loi du corps légiſlatif ait levé la difficulté.

## TRANSACTIONS.

I. C'eſt la dénomination qui a été appliquée aux engagemens & traités qui ont eu lieu pendant le cours du papier-monnoie ; & les lois intervenues à ce ſujet, ſont connues ſous le titre de lois ſur les *tranſactions* entre particuliers.

II. Les *tranſactions*, priſes dans une acception moins étendue, expriment les *traités*, *accords* & *arrangemens* convenus entre les parties, au ſujet de leurs prétentions reſpectives ſur la *réduction du papier-monnoie en numéraire.*

Ces *accords* & *arrangemens* ont l'effet d'interdire toute réclamation à la partie qui ſe croiroit *léſée*. *Voyez* ACCORD.

III. Il ne faut pas même réduire le terme de *tranſaction* à un acte *authentique* qui contiendroit méthodiquement des ſtipulations ; telle eſt la faveur attachée à tout ce qui eſt un lien de paix & d'union, que le moindre écrit eſt ſuffiſant pour établir cette *fin de non-recevoir*, comme *une lettre miſſive*, une *quittance*, &c., pourvu toutefois qu'il y ait *réciprocité* dans l'engagement.

Ce refpect pour les *accords & engagemens* des parties, fe retrouve dans la loi *du 13 pluviôfe*, relative aux *rentes viagères*, en ces termes :

Les *fixations & réductions* faites par les articles V, VI, VII, VIII & IX font, *fans préjudice de l'exécution des conventions des parties*, dans le cas où les rentes viagères auroient été créées à des taux inférieurs. *Loi du 13 pluviôfe, art. XI.*

TRANSPORTS. *Voyez* CESSION.

---

## TUTEURS ET CURATEURS.

Les tuteurs & curateurs rendront aux mineurs, en numéraire métallique, 1°. les capitaux qu'ils auront reçus, en même nature, pendant la durée de leur adminiftration, & dont ils n'auront pas fait emploi dans les délais prefcrits par les lois.

2°. Le prix eftimatif des valeurs mobiliaires inventoriées antérieurement au premier janvier 1791, avec la criée dans les pays où elle eft ufitée, lorfqu'ils auront négligé de les faire vendre à l'encan, à moins qu'ils n'en aient été difpenfés en tout óu partie par une délibération de parens, ou par la difpofition du père de famille.

Quant aux capitaux par eux reçus en papier-monnoie, ainſi qu'aux prix eſtimatifs des valeurs mobiliaires, inventoriées depuis le premier janvier 1791, de même qu'aux capitaux provenus de la vente judiciaire d'icelles, les tuteurs & curateurs à défaut d'emploi, ne feront tenus de les reſtituer que d'après l'échelle de réduction, ſelon les époques, ſi mieux les mineurs ne préfèrent, à l'égard des meubles, de ſe prévaloir de ceux qui feront encore exiſtans. *Loi du 11 frimaire an 6, art. XVI.*

Si les *tuteurs* ou *curateurs* négligent d'offrir la *réduction* dans le *délai fatal*, les mineurs auront-ils un recours contre eux? La loi n'a pas prévu cette queſtion, qui reſte livrée au choc des opinions & à l'incertitude des jugemens.

USUFRUIT. *Voyez* NUE PROPRIÉTÉ.

---

## VALEUR NOMINALE.

C'eft l'expreffion adoptée par les lois pour indiquer la *valeur extérieure & littérale* énoncée dans le papier-monnoie, à la différence de la *valeur intrifeque*, qui a dépuis été appelée *valeur d'opinion*.

Pendant long-temps il a été rigoureufement défendu d'appliquer au papier-monnoie une évaluation inférieure à celle qui étoit *nominativement* énoncée fur le papier. Ce fut durant le cours de cette *fiction* que fe firent les rembourfemens qui ont renverfé tant de fortunes, & que la loi du 12 frimaire an 4 a, depuis, qualifiés de *vols. Voyez* VOL.

Mais enfin, le gouvernement fe défifta d'une perféverance qui tournoit contre les intérêts du tréfor public, en le rempliffant de *valeurs* illufoires, & l'on vit paroître le décret du 5 meffidor an 5, qui établit le tableau de proportion entre la *valeur nominale* & la *valeur d'opinion*.

## VALEUR D'OPINION.

L'article Ier de la *loi du 5 meffidor an 5*, s'exprime ainfi :

Lorfqu'il y aura lieu de réduire en numéraire métallique, la *valeur nominale* d'une *obligation*, la *réduction* sera faite, eu égard à LA VALEUR D'OPINION du papier-monnoie au moment du contrat, *dans le département où il aura été fait.*

C'est une tâche assez difficile, sans doute, que d'aller à la recherche de l'*opinion* dans chaque département, sur un objet où il n'avoit pas même été permis à l'*opinion* de se développer franchement; la loi a employé, pour atteindre ce but, une espèce de *jury*, composé de quinze citoyens *les plus éclairés dans ces sortes d'affaires*, qui fut adjoint à *l'administration centrale*, & c'est le résultat de ce travail qui a déterminé le tableau de *dépréciation*. *Voyez* TABLEAU DE DÉPRÉCIATION.

## VENTE DE DROITS SUCCESSIFS.

Les sommes dûes pour *ventes de droits successifs*, ou en conséquence de traités, sur des droits & prétentions de même nature, seront *payées en numéraire, sans réduction. Loi du 11 frimaire, art. XIV.*

Il est possible qu'au moyen de cette disposition, il y ait beaucoup d'acquéreurs *de droits successifs* qui aient fait un mauvais marché, sur-tout lorsque la succession se sera ouverte pendant la décadence du papier-monnoie; mais la loi n'a pas cru devoir user d'indulgence ni de ménagemens pour des traités qui, en général, ne sont pas regardés favorablement.

# VENTE DE FONDS DE COMMERCE.
## *Voyez* ASSOCIÉS.

**I.** Si le fonds de commerce a été vendu pour le prix d'une somme fixe, soit exigible, soit convertie en une rente perpétuelle, alors il est permis à l'acheteur de ne payer que *la valeur numéraire du fonds acheté*, d'après une *expertise*.

Lorsque le fonds entier d'un commerce aura été cédé ou transporté à un tiers, le prix ou restant du prix ne pourra être acquité qu'en numéraire métallique & sans réduction, si mieux l'acheteur ou le cessionnaire n'aime payer la valeur de l'objet vendu ou cédé au temps de la convention des parties, selon l'estimation qui en sera faite pareillement *en numéraire*, sur la représentation des inventaires, *livres-journaux, états à doubles, factures* ou *autres documens. Loi du 16 nivôse, art. XVIII.*

Cette disposition est conforme à celle de l'art. XV de la loi du 11 *frimaire*, concernant la vente d'objets mobiliers. *Voyez* VENTE MOBILIAIRE.

Ces deux lois ne prescrivent aucun *délai* pour faire cette *option*, d'où il faut conclure que l'acheteur est autorisé à la retarder jusqu'à ce qu'il y soit amené par les poursuites du vendeur.

**II.** Mais si la vente a été faite depuis le premier

janvier 1792 , à la charge d'une rente viagère, l'a-
cheteur aura-t-il la faculté d'amortir la rente , en
remboursant la *valeur numéraire* des objets vendus ?

La loi du 13 pluviôse décide la question contre le
vendeur.

L'article III dispense de la *réduction* les rentes viagères qui auront eu pour cause un capital fourni en
denrées, en marchandises ou meubles, pourvu
que ce capital n'ait pas été estimé *en papier-monnoie ;*
auquel cas, sans doute, l'acheteur ne sera tenu qu'à
payer le prix numéraire des objets au moment de la
vente, & suivant l'estimation.

Mais si cette appréciation en papier-monnoie ne
se rencontre pas dans l'acte, & qu'il n'y ait pas de
préfixion de capital, le vendeur sera donc autorisé
à exiger la prestation en numéraire de la rente,
sans qu'il y ait de ressource laissée à l'acheteur, pour
se dégager d'une obligation aussi onéreuse ?

Oui, c'est ainsi que le décide la loi , en accordant
néanmoins aux débiteurs la faculté de réduire la
rente , conformément aux proportions qu'elle indique. *Voyez* RENTES VIAGÈRES.

# VENTE MOBILIAIRE.

Celui qui reste débiteur du prix, ou de partie
du prix d'objets mobiliers à lui vendus, durant le
cours du papier-monnoie, a deux partis à choisir
pour se libérer.

Savoir, ou d'acquiter ce qui reste dû en numéraire, ou bien d'acquiter la valeur *numéraire* que ces objets vendus avoient ( *en numéraire* ) au temps de l'achat.

Ces deux voies font indiquées par la loi du 11 frimaire an 6.

La même difpofition aura lieu, en ce qui concerne le prix des matières d'or & d'argent, marchandifes & autres chofes mobiliaires, ou pour fournitures de grains & denrées, fi mieux n'aime l'acheteur en payer *l'eftimation* au temps du contrat, pareillement *en valeur métallique.*

Cet article laiffe fubfifter plufieurs difficultés.

D'abord, fi l'acheteur prend le parti de payer fuivant l'eftimation des objets au temps du contrat, comment & fur quelle bafe parviendra-t-on à cette évaluation numéraire, pour l'époque à laquelle aucun objet ne fe vendoit en numéraire, vu la prohibition rigoureufe du numéraire ? Il faudra donc remonter plus haut, & eftimer les objets vendus valeur de 1790.

*Secondement*, fi l'acheteur a foldé une partie du prix, comment l'eftimation des objets vendus au temps du contrat, fervira-t-elle à régler la *quotité numéraire* du reftant du prix ?

Par exemple : j'ai acheté des eaux-de-vie, en 1793, pour 20,000 liv. affignats, fur lefquelles j'ai payé 8,000 liv., refte 12,000 liv.

L'évaluation a porté ces eaux-de-vie à 5,000 liv.
numéraire au temps du contrat ; que dois-je payer?
Ce ne fera pas 5,000 liv., puifque ces 5,000 liv.
repréfentent la totalité du prix, fur lequel je me fuis
acquité d'une grande partie. Il faut donc, quoique
la loi n'en dife rien, recourir à la règle de proportion, & calculer ainfi : l'objet eft eftimé 5,000 l.
numéraire ; en payant 8,000 liv. fur 20,000 liv.,
je me fuis acquité des *deux cinquièmes*, donc je ne
dois plus que les trois cinquièmes en numéraire,
qui donnent 3,000 liv.

Ce calcul eft emprunté de la loi du 16 nivôfe,
relative à la vente des immeubles ; & l'article V
donne un développement qui eft applicable à la
vente des meubles. Voici comment s'exprime cet article V de la loi du 26 nivôfe :

Les acquéreurs qui ont payé en papier-
monnoie, conformément aux lois exiftantes,
une partie du prix convenu, font valablement acquités *d'une femblable quotité pro-*
*portionnelle de la valeur eftimative de l'im-*
*meuble vendu,* de forte que s'ils ont payé *la*
*moitié ou les trois quarts du prix ftipulé,* ils
ne pourront être confidérés comme débiteurs, que *de la moitié ou du quart* reftant
de la valeur eftimative, telle qu'elle fera
réglée par l'expertife.

---

# VINGT-NEUF MESSIDOR AN IV.

C'eft l'époque indiquée par les lois du 11 frimaire & 16 pluviôfe, pour déterminer le *long terme*.

En matière d'*obligation* il y a *long terme*, fi l'échéance eft de deux ans *au-delà* du 29 *meſſidor an 4*.

En matière d'*aliénation d'immeubles*, l'échéance doit être de *trois ans* au-delà du 29 *meſſidor an 4.*

Quant aux effets négociables, le point *de depart* n'eft pas nominativement exprimé ; mais il paroît convenable de l'affimiler aux *obligations pour ſimple prêt. Voyez* DELAI, ÉCHÉANCE, LONG TERME.

# V O L

*Réſultant des rembourſemens en papier-monnoie.*

C'eft une fingularité digne d'annotation, que les rembourſemens en affignats, à l'époque de leur décadence, ſe trouvent qualifiés, par la loi, de *vol* fait aux créanciers.

Le confeil des Cinq cents, confidérant qu'il eft de fon devoir d'arrêter *le cours DES VOLS* que font journellement à leurs créanciers des débiteurs de mauvaiſe foi, &c. *Loi du 12 frimaire an IV.*

*Voyez* ANTICIPATION, CONSIGNATION, OFFRES RÉELLES.

*Fin de l'Expoſition des Lois.*

# RECUEIL

## PAR ORDRE CHRONOLOGIQUE,

### DES PRINCIPALES LOIS

*Sur les Transactions entre Particuliers.*

## N°. I.

*EXTRAIT du décret relatif au cours des assignats.*

### Des 12 & 18 septembre 1790.

En exécution du décret des 16 & 17 avril, toutes sommes stipulées par actes payables en espèces, pourront être payées en assignats, ou promesses d'assignats, nonobstant toutes clauses & dipositions à ce contraires. ( Art. IV. )

## N°. II.

*DÉCRET de la convention nationale, qui défend la vente du numéraire, sous peine de six années de fers, & déclare qu'aucuns achats, ventes, traités, conventions ou transactions, ne pourront déformais contenir d'obligation, autrement qu'en assignats.*

### Du 11 avril 1793.

La convention nationale, après avoir entendu le rapport de son comité des finances, décrète :

#### ARTICLE PREMIER.

A compter de la publication du présent décret, la vente du numéraire de la république dans toute l'étendue du territoire françois, ou occupé par les armées françoises, est défendue, sous peine de six années de fers contre les personnes qui en acheteront ou en vendront.

II. Aucuns achats, ventes, traités, conventions ou transactions, ne pourront déformais contenir d'obligation autrement qu'en affignats : ceux qui feront convaincus d'avoir arrêté ou propofé différens prix, d'après le paiement en numéraire ou en affignats, feront pareillement condamnés à fix années de fers, fans néanmoins interdire à ceux qui ont du numéraire, la faculté d'en faire ufage dans leurs paiemens au pair des affignats.

III. A compter de la publication du préfent décret, il ne pourra être fait aucun dépôt en numéraire de la république ; en conféquence, tous billets, comptes ou reconnoiffances de dépôt ou de garde du numéraire de la république, qui feront faits poftérieurement au préfent décret, feront réputés engagemens ordinaires, & le rembourfement en fera fait en affignats.

## N°. III.

*DÉCRET qui ordonne de verfer dans la caiffe de la tréforerie nationale & dans celles de receveurs de diftrict, les dépôts faits chez des officiers publics, &c.*

### Du 23 feptembre 1793.

La convention nationale, après avoir entendu le rapport de fa commiffion des finances, décrète :

TITRE

# TITRE PREMIER.

## ARTICLE PREMIER.

Les anciens titulaires des offices des receveurs des confignations & de commiffaires aux faifies réelles, fupprimés par le décret de l'affemblée conftituante, du 30 feptembre 1791, qui, en exécution de l'article II de la même loi, ont été autorifés à continuer provifoirement leurs fonctions, ainfi que les prépofés à la recette des confignations & à l'adminiftration des biens faifis, que les directoires de diftrict avoient été autorifés par l'article II de la même loi à nommer pour les lieux dans lefquels il n'avoit point été établi de receveurs de confignations ni de commiffaires aux faifies réelles, font & demeurent définitivement fupprimés.

II. Dans les vingt-quatre heures de la réception du préfent décret, le directoire du département à Paris, & dans les départemens les directoires de diftrict choifiront dans leur fein deux membres qui fe tranfporteront aux caiffes des confignations, greffes, &c. qui fe trouvent dans leur arrondiffement; ils arrêteront les regiftres des receveurs, prépofés, &c., ils conftateront par un procès-verbal le montant des fommes dépofées dans leurs caiffes, & feront verfer de fuite & fans délai lefdites fommes en mêmes efpèces qu'elles ont été reçues, dans celle du receveur de diftrict, & à Paris, à la caiffe générale de la tréforerie nationale.

O

III. Les dépôts faits chez des notaires ou autres officiers publics, ou entre les mains de particuliers, en vertu de jugemens ou par permiffion de juftice; ceux faits volontairement, lorfqu'il fera furvenu entre les mains du dépofitaire des faifies ou oppofitions, feront verfés en mêmes efpèces qu'il ont été reçus; favoir: par les dépofitaires de Paris, d'ici au 15 octobre prochain, à la caiffe générale de la tréforerie nationale; & par les dépofitaires qui font dans les départemens, d'ici au premier novembre prochain, aux caiffes de diftrict.

IV. Les dépofitaires de fonds appartenant à des émigrés, à quelque titre que lefdits dépôts aient été faits, feront tenus de les verfer dans les délais prefcrits par l'article précédent, & dans les mêmes efpèces qu'ils les ont reçus, entre les mains du receveur de l'enregiftrement du lieu de leur domicile, lequel en verfera le produit diftinctement dans la caiffe du receveur de diftrict.

V. A l'avenir tout dépôt à faire en vertu de jugement, ou par permiffion de juftice, fera verfé, favoir: pour Paris, à la caiffe générale de la tréforerie nationale; & pour les départemens, aux caiffes de diftrict.

VI. Au moment où il furviendra des faifies ou oppofitions entre les mains des dépofitaires volontaires, ils feront tenus d'en faire le verfement, conformément à l'article précédent.

VII. Les prépofés de la régie de l'enregiftrement font chargés de furveiller le verfement defdits dépôts, & de pourſuivre les dépoſitaires qui ne ſe ſeroient pas conformés à la loi dans les délais preſcrits, ſous peine d'être garans & reſponſables des peines qui pourront réſulter de leur négligence.

*Voyez* ſous les N°ˢ. VII, IX, XVI & XIX, les autres lois complémentaires, en matière de *dépôts*.

# N°. IV.

*EXTRAIT du décret portant établiſſement d'une* échelle de proportion.

## Du 3 meſſidor an 3.

### ARTICLE PREMIER.

Il y aura dans les cas prévus par le préſent décret, une échelle de proportion pour les paiemens & recettes, calculée ſur le progrès de l'émiſſion ou de la rentrée des aſſignats.

*Voyez* ſous le N°. XXI, la loi du 5 meſſidor.

# N°. V.

*EXTRAIT du décret qui ſuſpend proviſoirement les* rembourſemens.

## Du 25 meſſidor an 3.

### ARTICLE PREMIER.

Aucun créancier ne peut être contraint de recevoir le rembourſement de ce qui lui eſt dû avant le terme porté au titre de la créance.

II. Les remboursemens de toutes les rentes créées avant le premier janvier 1792, quelles que soient leur nature & la cause dont elles procèdent, sont provisoirement suspendus.

# N°. VI.

*DÉCRET qui autorise le dépôt du montant des billets à ordre ou autres effets négociables dont le porteur ne se sera pas présenté dans les trois jours qui suivront celui de l'échéance.*

## Du 6 thermidor an 3.

La convention nationale, après avoir entendu le rapport de son comité de législation, décrète :

### ARTICLE PREMIER.

Tout débiteur de billet à ordre, lettre-de-change, billet au porteur, ou autre effet négociable dont le porteur ne se sera pas présenté dans les trois jours qui suivront celui de l'échéance, est autorisé à déposer la somme portée au billet aux mains du receveur de l'enregistrement dans l'arrondissement duquel l'effet est payable.

II. L'acte du dépôt contiendra la date du billet, celle de l'échéance, & le nom de celui au bénéfice duquel il aura été rigoureusement fait.

III. Le dépôt consommé, le débiteur ne sera tenu qu'à recueillir l'acte de dépôt en échange du billet.

IV. La somme déposée sera remise à celui qui

repréſentera l'acte de dépôt, ſans autre formalité que celle de la remiſe d'icelui & de la ſignature du porteur ſur le regiſtre du receveur.

V. Si le porteur ne ſait pas écrire, il en ſera fait mention ſur le regiſtre.

# Nº. VII.

*EXTRAIT du décret qui ordonne le verſement à la monnoie de tous les effets en or, vermeil, argent, &c. qui reſtent encore dépoſés à la tréſorerie nationale ou dans les magaſins nationaux.*

## Du 13 thermidor an 3.

### ARTICLE PREMIER.

Tous les effets en or, vermeil, argent, galons ou tiſſus fins, qui juſqu'ici n'ont pas été fondus ou dénaturés, & qui reſtent encore dépoſés à la tréſorerie ou dans les magaſins nationaux, ſeront verſés à la monnoie, à l'expiration de la quinzaine, pour y être convertis en lingots.

II. Sont exceptés des diſpoſitions de l'article ci-deſſus, 1º. ceux deſdits effets qui pourroient encore exiſter en nature, d'après les atteſtations des dépoſitaires ou gardes-magaſins, antérieures au préſent décret, à charge de reproduire leſdites atteſtations dans la quinzaine, pour ceux qui ſont domiciliés à Paris ou à ſoixante lieues de circonférence ; & dans le mois, pour tous ceux qui ſont plus éloignés.

2°. Les argenteries ou vaiſſelles d'argent conſer‑
vées à raiſon du prix du travail ou de la main‑
d'œuvre, feront vendues ou miſes en loterie, ſui‑
vant ce qui ſera jugé le plus utile & le plus con‑
venable.

3°. Seront auſſi exceptées les perles montées &
aſſemblées actuellement diſponibles.

4°. Les diamans & pierres de couleurs, les bi‑
joux de toute nature feront également vendus ou
mis en loterie, tels qu'ils ſe comportent.

III. Les bijoux & autres objets précieux qui
méritent d'être dépoſés dans un muſéum national,
& dont on a déjà fait une diſtraction proviſoire,
feront conſervés après une nouvelle vérification.

Cette nouvelle vérification ſera faite par deux
membres des comités réunis de ſalut public & des
finances, & par deux autres membres du comité
des arts.

IV. Les comités de ſalut public & des finances
font autoriſés à traiter de gré à gré avec ceux qui
juſtifieront d'une part qu'ils font dans le cas d'ob‑
tenir une reſtitution, & d'autre part que les objets
par eux réclamés ont été verſés à la tréſorerie na‑
tionale ou dans des magaſins nationaux ; & avec
ceux dont les lettres-de-change, billets à ordre ou
autres titres de créances ſur l'étranger, avoient été
ſaiſis, ou mis en réquiſition. Le mode à ſuivre
pour le paiement ſera préalablement réglé & arrêté
par les deux comités réunis.

# N°. VIII.

*Décret relatif à la libération opérée par des offres réelles suivies de consignation.*

## Du premier fructidor an 3.

La convention nationale, après avoir entendu le rapport de son comité de législation sur diverses pétitions tendant à provoquer une décision sur la question de savoir si les offres réelles non suivies de consignation antérieure au 25 messidor dernier, ont opéré la libération des débiteurs,

Passe à l'ordre du jour, motivé sur ce qu'un remboursement n'est consommé que lorsque le débiteur s'est dessaisi par la consignation.

# N°. IX.

*Extrait du décret qui prononce des peines contre tout dépositaire qui, ayant disposé d'un dépôt, ne le remettroit pas en effets de la même nature.*

## Du 3 fructidor an 3.

La convention nationale, sur le rapport des comités de législation & des finances réunis, considérant qu'un dépositaire n'a aucun droit de propriété ni d'usage sur la chose déposée ; que toujours elle doit être remise en nature & au moment où elle est demandée, décrète :

O 4

# ARTICLE PREMIER.

Tout dépositaire qui aura disposé d'un dépôt, sera tenu de le rétablir en effets de même espèce & de même valeur.

II. Si le dépôt consiste en matières d'or ou d'argent, il sera rétabli en matières de même nature & de même valeur.

III. A défaut, par le dépositaire, de satisfaire à son obligation, il sera condamné, 1°. au paiement de la somme nécessaire pour se procurer les effets de remplacement, eu égard à la valeur desdits objets à l'époque du jugement.

2°. A une amende égale à cette valeur, dont la moitié au profit de la nation, & l'autre moitié au profit du propriétaire du dépôt.

IV. Sont exceptés des dispositions de la présente loi ceux des dépositaires publics qui justifieront, par certificats authentiques & non équivoques, qu'en exécution de la loi du 11 avril 1793, ils ont versé à la trésorerie nationale les dépôts qui leur avoient été confiés.

Dans ce cas, les propriétaires desdits dépôts adresseront leur réclamations en la forme & de la manière prescrites par l'article IV de la loi du 13 thermidor de l'an troisième de la république.

# N°. X.

*Loi qui autorise le refus de remboursement de capitaux dûs par obligations antérieures au premier vendémiaire.*

## Du 12 frimaire an 4.

Le conseil des anciens adopte les motifs de la déclaration d'urgence qui précède la résolution ci-après, & reconnoît l'urgence.

*Suit la teneur de la déclaration d'urgence & de la résolution du 11 frimaire.*

Le conseil des cinq-cents, considérant qu'il est de son devoir d'arrêter *le cours des vols que font journellement à leurs créanciers, des débiteurs de mauvaise foi*, à déclaré l'urgence :

Après avoir déclaré l'urgence,

Le conseil adopte la résolution suivante :

### ARTICLE PREMIER.

Tout créancier qui se croira lésé par le paiement ou remboursement qui lui sera offert de capitaux à lui dûs par obligations publiques ou privées, antérieurement au premier vendémiaire, autres que les effets de commerce de négociant à négociant, sera libre de le refuser jusqu'à ce qu'il en ait été autrement statué.

II. Toute procédure commencée à raison du

refus de recevoir les paiemens ou rembourſemens déſignés dans l'article précédent, demeure
ſuſpendue.

## Nº. XI.

*EXTRAIT du décret portant création de* mandats.

## Des 28 & 29 ventôſe an 4.

### ARTICLE PREMIER.

Il ſera créé pour deux milliards quatre cents
millions de mandats territoriaux.

II. Ces mandats auront cours de monnoie entre
toutes perſonnes, dans toute l'étendue de la république, & ſeront reçus comme eſpèces dans toutes
les caiſſes publiques & particulières.

III. Ceux qui refuſeroient de recevoir en paiement les mandats territoriaux ou promeſſes de
mandats, ſeront condamnés, pour la première fois,
à une amende égale à la ſomme refuſée ; pour
la ſeconde fois, à une amende décuple ; & pour
la troiſième fois, ils ſeront condamnés à deux ans
d'empriſonnement, dans les formes preſcrites par
la loi du 20 ventôſe dernier, concernant les monnoies métalliques frappées au coin de la république.

IV. Aucuns achats, ventes, traités, conventions ou tranſactions portant promeſſes de ſommes,
ne pourront être ſtipulés ni exigés qu'en mandats
territoriaux ou promeſſes de mandats. Toutes ſtipulations contraires ſeront rejetées par les tribunaux
comme non avenues.

V. Les fonctionnaires publics qui auroient inséré dans les actes des stipulations contraires à la présente loi, & ceux qui les auroient enregistrées seront punis des peines portées par l'article II ci-dessus.

VI. Ceux qui achéteroient ou vendroient du numéraire métallique dans toute l'étendue du territoire françois ou occupé par les armées, & leurs complices, seront condamnés, avec leurs complices, pour la première fois, à une amende qui ne pourra être moindre de trois mille francs, ni excéder dix mille francs : en cas de récidive, ils seront poursuivis criminellement, & punis de quatre années de fers.

VII. Ceux qui auront été condamnés aux amendes prononcées par la présente loi, seront retenus en prison jusqu'à l'entier paiement.

VIII. Il n'est pas dérogé aux lois concernant les négociations à faire par le gouvernement pour ses besoins en numéraire.

*Voyez*, sous le N°. XVIII, la loi qui les supprime.

# N°. XII.

*Loi relative au mode de paiemens des baux à ferme.*

## Du 9 messidor an 4.

### ARTICLE PREMIER.

Les fermages stipulés en denrées ou fruits, continueront d'être payés en nature.

II. Les fommes dues pour prix des baux de biens ruraux, de moulins, d'ufines, & de toutes autres propriétés foncières ( fous la feule exception portée à l'article VII ), feront exigibles pour l'an 4 , un quart en fruits ou autres productions, le furplus en valeur repréfentative de grains.

III. Le fermier délivrera au propriétaire le quart du prix de fon bail avec les productions principales de l'objet qu'il exploite, lefquelles feront reçues en paiement dudit quart, d'après les valeurs qu'elles avoient, en 1790, dans le canton.

IV. A l'égard des baux dont le prix confifte en denrées, que le fermier a la faculté de retenir au prix des mercuriales, il fera tenu, nonobftant cette ftipulation, de délivrer le quart defdites denrées en nature, comme pour les baux ftipulés en fommes fixes.

V. Chaque *franc* de fermage, payé en valeur repréfentative, fera acquité par la valeur en mandats, de dix livres pefant de blé-froment, comme chaque *franc* de contribution foncière.

VI. Le fermier paiera la valeur repréfentative defdits grains, d'après la fixation qui fe trouvera déterminée par la loi, pour la contribution foncière, au moment de l'échéance du terme, ou au moment du paiement, au choix du propriétaire.

VII. Les baux des maifons d'habitations feulement, font exceptés des difpofitions précédentes, & les fommes ftipulées pour prix continueront d'être payées, jufqu'au premier vendémiaire prochain , conformément à la loi du 15 germinal dernier.

VIII. Le fermier, lors même qu'il ne seroit pas tenu, par son bail, au paiement de la contribution foncière, l'acquitera en grains, fourrages ou mandats, & elle le libérera, envers le propriétaire, de la même somme dont celui-ci sera acquité envers le trésor public.

IX. Les fermiers qui auront acquité, à la décharge du propriétaire, la moitié de la contribution en fruits, n'en seront pas moins tenus d'exécuter l'art. III ci-dessus, & l'imputation de ce qu'ils auront payé sera faite sur les trois autres quarts du prix de leur bail.

X. Les prix des baux non stipulés en denrées, & qui ont été passés postérieurement à la publication de la loi du 4 nivôse an 3, qui a levé le *maximum*, seront réduits au prix du bail précédent, en y ajoutant la valeur des dîmes & autres charges supprimées, conformément à la loi du 10 avril 1791, & autres.

S'il n'existoit point de bail antérieur, le prix du nouveau bail sera réglé par expert, valeur de 1790 : dans les deux cas, le prix de ce nouveaux bail sera payé de la même manière que le seroit celui d'un bail passé en 1790.

XI. Les fermages de l'an 4 s'entendent de ceux qui sont le prix des récoltes & jouissances faites ou qui se feront, à compter du 12 nivôse dernier ( premier janvier 1796 vieux style ), jusqu'au 12 nivôse an 5 , quelle que foit l'échéance des termes convenus par le bail pour le paiement.

XII. Les difpofitions de la préfente réfolution font communes aux baux des biens nationaux.

# N°. XIII.

*Loi relative à la liberté des tranfactions entre citoyens.*

## Du 5 thermidor an 4.

Le confeil des anciens adoptant les motifs de déclaration d'urgence qui précède la réfolution ci-après , approuve l'acte d'urgence.

*Suit la teneur de la déclaration d'urgence & de la réfolution du 28 meffidor.*

Le confeil des cinq-cents , confidérant qu'il eft néceffaire de rendre au commerce fon activité, & aux tranfactions entre citoyens une liberté qui affure la prompte amélioration de toutes les parties de l'économie politique ,

Déclare qu'il y a urgence.

Le confeil des cinq-cents , après avoir déclaré l'urgence , prend la réfolution fuivante :

### ARTICLE PREMIER.

A dater de la publication de la préfente loi , chaque citoyen fera libre de contracter comme bon lui femblera; les obligations qu'il aura fouf-crites , feront exécutées dans les termes & valeurs ftipulés.

II. Nul ne pourra refuſer ſon paiement en mandats au cours du jour & du lieu où le paiement
ſera effectué.

# Nº. XIV.

*Loi qui détermine le mode de paiement des fermages
arriérés.*

## Du 18 fructidor an 4.

### ARTICLE PREMIER.

Le mode d'acquitement des prix des baux & des
rentes foncières, moitié en grains, valeur de 1790,
l'autre moitié en papier-monnoie valeur nominale,
établi pour l'an 3, par les lois des 2 thermidor
même année, 3 brumaire, 13 frimaire & 15 germinal dernier, ceſſe d'avoir lieu pour tous les paiemens reſtans à faire.

II. L'arriéré des ſommes ſtipulées par des baux,
ſoit d'une, ſoit de pluſieurs années, pour fermages
des années de jouiſſance antérieures à l'an 4, de
biens ruraux, de coupes de bois, d'uſines & de
toutes autres propriétés & exploitations rurales,
quels qu'en ſoient la nature & le produit, même
des bâtimens autres que les maiſons ſervant unique-
ment à l'habitation, ſera payé en numéraire métallique ou en mandats au cours, qui ſera déclaré
tous les cinq jours par le directoire exécutif, de la
manière preſcrite par la loi du 22 thermidor dernier, pour les fermages de l'an 4.

**III.** La réduction prononcée par l'art. X de la loi du 9 messidor dernier, des prix des baux qui ont été passés postérieurement à la levée du *maximum*, aura son effet pour l'an 3 comme pour l'an 4, & en général pour tout le temps de la durée desdits baux. La même réduction pourra être demandée sur les baux non stipulés en denrées ou en numéraire, postérieurs au premier janvier 1792, dont les anciens prix ont été augmentés de plus d'un cinquième, néanmoins sans répétition des sommes payées pour le passé.

**IV.** Dans les cas de réduction prévus par l'article précédent, le propriétaire & le fermier ont réciproquement la faculté de résilier les baux à l'expiration de l'année de jouissance commencée, en s'avertissant par écrit dans le mois de la publication de la présente résolution.

**V.** Il n'est rien innové aux arrangemens prix de gré à gré entre les propriétaires & les fermiers, sur l'exécution des lois des 2 thermidor, 3 brumaire, 13 frimaire & 15 germinal précitées.

**VI.** Ceux qui ont payé la totalité de leurs fermages, conformément aux lois existantes lors du paiement, sont entièrement libérés, quelles que soient les réserves de revenir à compte, d'après les lois qui pourroient survenir, insérées aux quittances qu'ils ont reçues; sont pareillement libérés ceux qui ont fait des offres & consignations valables, suivant les lois qui existoient aux époques desdites consignations.

VII.

VII. Les dispositions ci-dessus s'appliquent aux ventes de fruits & de coupes ou retailles de bois sur pied, faites pour une seule ou plusieurs années.

VIII. Elles s'appliquent de même aux baux ou ventes du croît & utilité des fonds de bétail, convenus à somme fixe.

IX. Elles sont communes aux baux passés, tant par les anciens possesseurs que par les administrations des biens nationaux & de ceux régis & administrés comme tels, & généralement à tous les baux de propriétés rurales, soit nationales, soit privées.

X. Tout ce qui a été statué par les articles précédens, en faveur des propriétaires ou contre eux, est commun à l'usufruitier & au fermier principal à l'égard des sous-fermiers.

XI. Les dispositions des lois antérieures, contraires à la présente, sont abrogées.

# Nº. XV.

*Loi qui règle la manière dont seront payés les loyers des maisons.*

## Du 21 fructidor an 4.

### ARTICLE PREMIER.

Les loyers de maisons d'habitation stipulés par baux ou conventions antérieurs au premier nivôse de l'an 3, seront payés en numéraire ou mandats au

P

cours, pour le temps qui s'écoulera à compter du premier vendémiaire prochain.

II. Les loyers de maisons d'habitation stipulés par baux ou conventions postérieurs au premier nivôse de l'an 3, seront réglés de gré à gré entre les parties : en cas de difficultés, ils le feront par experts, & payés pour le temps qui s'écoulera à compter du premier vendémiaire prochain, en numéraire ou mandats au cours.

III. Les locataires qui se croiront lésés par les dispositions précédentes, auront la faculté de se désister de leur jouissance, en avertissant dans le mois de la publication de la présente, & en cessant leur jouissance avant le premier frimaire prochain.

En ce cas, les loyers pour le mois de vendémiaire & brumaire, continueront d'être payés comme auparavant.

IV. Les dispositions des articles précédens ne sont point applicables à la portion des loyers payés d'avance, ni aux baux dont le prix est stipulé en numéraire ou en denrées. ( Voyez ci-après la loi du 14 prairial an 5 , interprétative de cet article. )

V. Les dispositions des lois antérieures contraires à la présente, sont abrogées.

# N°. XVI.

*Loi interprétative de l'article XI de celle du 15 ger-*
*minal an 4, concernant la remise des dépôts en*
*nature.*

## Du 7 nivôse an 5.

Le conseil des anciens, adoptant les motifs de
la déclaration d'urgence qui précède la résolution
ci-après, approuve l'acte d'urgence.

*Suit la teneur de la déclaration d'urgence & de la réso-*
*lution du 6 frimaire.*

Le conseil des cinq-cents, après avoir entendu le
rapport de sa commission ;

Considérant que l'exécuteur testamentaire qui,
après l'an & jour de sa gestion, demeure saisi de
sommes ou de meubles appartenant à la succession
qu'il a gérée, devient dès-lors dépositaire de ces
mêmes objets ; qu'il ne peut s'en servir ni en dispo-
ser, & doit être prêt à les remettre en même nature,
à toute réquisition ;

Considérant qu'il est instant de dissiper les doutes
qui pourroient s'élever sur ce point important de
la législation,

Déclare qu'il y a urgence, & prend la résolution
suivante :

## ARTICLE PREMIER.

L'article XI de la loi du 15 germinal dernier,

qui porte que *tout dépôt sera rendu en nature*, est applicable aux exécuteurs testamentaires restés saisis de sommes ou de meubles appartenant à la succession qu'ils ont gérée.

II. Le présent article n'est point applicable à ceux de ces citoyens qui auroient été contraints par les lois, ou par des arrêtés d'autorités compétentes, à échanger les objets dont ils étoient restés saisis.

## N°. XVII.

*Loi qui détermine le mode de paiement des arrérages de rentes & pensions entre particuliers.*

### Du 15 pluviôse an 5.

#### ARTICLE PREMIER.

Les arrérages des rentes, tant perpétuelles que viagères & des pensions, ainsi que les intérêts de capitaux exigibles dûs entre particuliers, fondés sur des titres qui ont une date antérieure au premier juillet 1790 ( vieux style ), échus à cette époque, & qui peuvent être encore dûs, ainsi que ceux échus depuis le premier vendémiaire an 5, & qui écherront à l'avenir, pourront être exigés, dès la publication de la présente, en numéraire métallique.

II. Seront acquités de la même manière les arrérages de rentes & pensions, ainsi que les intérêts de capitaux exigibles, dont les titres ont été créés dans l'intervalle du premier juillet 1790 au premier vendémiaire an 5, lorsqu'ils auront été stipulés payables en numéraire métallique, ou lorsqu'ils rappelleront des créances qui avoient une date, soit authentique, soit reconnue par le débiteur, antérieure au premier juillet 1790.

III. Les rentes & autres prestations stipulées en grains, denrées ou marchandises, continueront d'être acquitées en nature, aux termes convenus entre les parties.

IV. Les conventions au sujet des retenues à faire sur les rentes, pensions & intérêts dont il s'agit, auront leur exécution.

A défaut de stipulations, elles seront réglées relativement aux arrérages & intérêts échus avant le premier juillet 1790 ( vieux style ), suivant les lois alors en vigueur; & pour ceux échus depuis le premier vendémiaire an 5, au cinquième, quant aux intérêts & aux rentes perpétuelles, & au dixième par rapport aux pensions & rentes viagères.

# Nº. XVIII.

*EXTRAIT de la loi portant que les mandats n'auront plus cours forcé de monnoie entre particuliers.*

## Du 16 pluviôse an 5.

Le conseil des anciens, adoptant les motifs de la déclaration d'urgence qui précède la résolution ci-après, approuve l'acte d'urgence.

*Suit la teneur de la déclaration d'urgence & de la réfolution du 13 pluviôfe.*

Le confeil des cinq-cents, après avoir entendu fa commiffion des finances ;

Confidérant que la foible valeur des mandats qui reftent dans la circulation, les rend inutiles aux tranfactions entre les citoyens ; que cependant ils favorifent des fpéculations nuifibles aux intérêts de la tréforerie, & prolongent une complication dangereufe dans la comptabilité des deniers publics ;

Qu'il eft d'ailleurs inftant de rendre juftice aux citoyens qui ont fait des confignations en exécution de la loi du 28 ventôfe , & font dans le cas de les retirer,

Déclare qu'il y a urgence.

Le confeil des cinq-cents, après avoir déclaré l'urgence , prend la réfolution fuivante :

### ARTICLE PREMIER.

A dater de la publication de la préfente loi , les mandats cefferont d'avoir cours forcé de monnoie entre particuliers.

II. A compter de la même époque , le directoire exécutif ceffera de publier le cours des mandats.

# Nº. XIX.

*Loi portant que les sommes versées dans les caisses des receveurs des consignations, seront restituées en mêmes espèces.*

## Du 30 pluviôse an 5.

Le conseil des anciens, adoptant la substitution proposée de ces mots, *qu'il importe de faire cesser promptement ces difficultés*, à ceux-ci, *qu'il importe de faire cesser toutes les difficultés qui naissent sur la nature des obligations des receveurs des consignations,* insérés dans le dernier considérant qui précéde la résolution, approuve l'acte d'urgence.

*Suit la teneur de la déclaration d'urgence & de la réso-lution du 30 frimaire.*

Le conseil des cinq-cents, considérant que par les lois des 21 décembre 1792, 23 septembre 1793, 16 germinal an 2, 3 fructidor an 3, & 15 germinal an 4, on a consacré le principe inviolable que tout dépôt est sacré, & que la chose déposée doit être remise en nature;

Considérant que les receveurs des consignations, auxquels ces différentes lois s'appliquent d'une ma-nière plus spéciale, n'ont pu, sous aucun pré-texte, dénaturer le dépôt qui leur étoit confié à titre de dépôt judiciaire, & qu'ils doivent, dans tous les cas, le rendre tel qu'il a été reçu; considérant enfin qu'il importe de faire cesser toutes difficultés à cet égard,

Déclare qu'il y a urgence.

Le conseil, après avoir déclaré l'urgence, prend la résolution suivante :

## ARTICLE PREMIER.

Les sommes versées dans les caisses des receveurs des consignations, seront restituées en mêmes espèces qu'elles ont été reçues.

II. Ceux des receveurs qui, en exécution de la loi du 23 septembre 1793, ont versé dans la caisse nationale les sommes consignées, dans les mêmes espèces qu'ils les ont reçues, sont valablement libérés.

Il en est de même de ceux qui pourront justifier avoir été contraints pendant des temps de troubles, par autorité ou violence légalement constatée, de changer contre du papier le numéraire qui étoit dans leur caisse : dans ce cas, ils ne sont tenus qu'à représenter les sommes échangées, dans les mêmes espèces de papier qu'ils auroient été forcés de les recevoir.

Dans les deux cas ci-dessus, les parties intéressées exerceront leurs droits contre la nation ou contre tout autre particulier rétentionnaire de leurs fonds, comme elles auroient pu le faire contre le receveur lui-même.

III. Les receveurs des consignations qui ont payé en assignats ou mandats, à-compte ou pour solde,

des sommes déposées en numéraire métallique,
ne seront libérés que jusqu'à concurrence de la valeur numéraire métallique que représentoit le papier-monnoie, à la date du paiement qu'ils justifieront avoir fait sur chaque dépôt, & suivant la
fixation qui sera déterminée par la loi sur les transactions particulières.

IV. Les receveurs des consignations resteront
dépositaires de ce qu'ils peuvent devoir sur chaque
dépôt, & ne pourront se libérer qu'envers les
parties intéressées, en se conformant aux lois sur les
consignations.

V. Les arrêtés de liquidations & intérêts d'iceux
des ci-devant offices de receveurs des consignations, pourront être donnés par lesdits receveurs
en paiement de ce qu'ils devront à la nation pour
des sommes consignées en espèces métalliques.

VI. Tout dépositaire de justice sera contraint,
par corps, à la restitution du dépôt qui lui aura été
confié.

VII. Les lois contraires à la présente sont rap-
portées.

# N°. XX.

*Loi qui lève la suspension de toute action intentée
pour cause de lésion ordonnée par la loi du 14
fructidor an 3.*

## Du 3 germinal an 5.

Le conseil des anciens, considérant que le papier-monnoie n'ayant plus de cours forcé, les motifs

de la fufpenfion prononcée par la loi du 14 fructidor an 3 , de toute action en refcifion, pour vente
ou pour contrat équivalent à vente, devient fans
objet, qu'en conféquence elle doit être levée, &
qu'on ne peut trop fe hâter de rendre aux citoyens
l'exercice de leurs droits, approuve l'acte d'urgence.

*Suit la teneur de la déclaration d'urgence & de la réfo-
lution du 10 ventôfe.*

Le confeil des cinq-cents, après avoir entendu
le rapport qui lui a été fait par une commiffion
fpéciale, chargée d'examiner la demande tendante
à faire lever la fufpenfion provifoire de toute action
& toute inftance en refcifion des contrats de vente
ou équipollent à vente, pour caufe de léfion d'outre-
moitié ordonnée par l'article II de la loi du 14 fructidor de l'an 3 ;

Confidérant que le papier-monnoie n'ayant plus
cours forcé, le motif qui a fait prononcer cette
fufpenfion demeure fans objet;

Confidérant que le corps légiflatif ne fauroit trop
fe hâter de rendre à la juftice tout fon cours,

Déclare qu'il y a urgence.

Le confeil, après avoir déclaré l'urgence, prend
la réfolution fuivante :

## ARTICLE PREMIER.

La fufpenfion provifoire de toute action & de
toute inftance en refcifion des contrats de vente
ou équipollent à vente pour caufe de léfion d'outre-

moitié ordonnée par l'article II de la loi du 14 fructidor (*voyez la loi ci-dessous*) , est levée.

II. Dans les délais fixés par les lois pour la prescription , ne sera pas compté le temps qui sera écoulé depuis la publication de la loi de suspension jusqu'à la publication de la loi qui interviendra sur la présente résolution.

*Loi qui abolit l'action en rescision des contrats de vente ou équipollent à vente entre majeurs pour cause de lésion d'outre-moitié.*

## Du 14 fructidor an 3.

La convention nationale , sur le rapport de son comité de législation , décrète :

### Article premier.

L'action en rescision des contrats de vente ou équipollent à vente entre majeurs pour lésion d'outre-moitié , est abolie à l'égard des ventes qui seront faites à compter de la publication de la présente loi.

II. Toute action & toute instance en rescision de contrats de vente ou équipollent à vente pour cause de lésion d'outre-moitié , demeurent provisoirement suspendues.

La convention renvoie à son comité de législation pour ce qui concerne l'exercice de ladite action à l'égard des ventes actuellement existantes.

L'insertion du présent décret au bulletin de correspondance tiendra lieu de publication.

# N°. XXI.

*Loi relative aux transactions passées entre particuliers pendant la durée de la dépréciation du papier-monnoie.*

## Du 5 messidor an 5.

Le conseil des anciens, adoptant les motifs de la déclaration d'urgence qui précède la résolution ci-après, approuve l'acte d'urgence.

*Suit la teneur de la déclaration d'urgence & de la résolution du 30 germinal.*

Le conseil des cinq-cents, ouï le rapport fait au nom d'une commission spéciale sur les transactions entre particuliers;

Considérant que pour parvenir à donner des règles sur les transactions passées pendant la durée de la dépréciation du papier, il est indispensable de fixer sans délai cette même dépréciation à ses différentes époques;

Déclare qu'il y a urgence.

Le conseil, après avoir déclaré l'urgence, prend la résolution suivante:

## ARTICLE PREMIER.

Lorsqu'il y aura lieu de réduire en numéraire métallique la valeur nominale d'une obligation,

la réduction fera faite, eu égard à la valeur d'opinion du papier-monnoie, au moment du contrat,
dans le département où il aura été fait.

II. Pour régler la valeur d'opinion du papier-
monnoie, il fera fait dans chaque département
un tableau des valeurs fucceffives de ce papier,
à partir du premier janvier 1791 ( vieux ftyle ),
pour les pays renfermés dans l'ancien territoire de
la France, & pour ceux réunis par différentes lois,
ainfi que pour l'île de Corfe & les Colonies, à
partir de l'introduction dans ce pays du papier-
monnoie.

III. L'époque à laquelle a ceffé la circulation
forcée du papier-monnoie, valeur nominale, eft &
demeure fixée au jour de la publication de la loi
du 29 meffidor an IV.

IV. Pour former le tableau prefcrit par l'article II,
il fera envoyé à chaque adminiftration centrale,
avec la préfente, un extrait des notes tenues à la
tréforerie nationale, du cours du papier-monnoie;
ces notes feront combinées avec celles qui pourroient avoir été tenues dans des places de commerce du département, & avec la valeur qu'auront
eue les immeubles, les denrées & les marchandifes,
dans leur libre cours, aux époques correfpondantes
avec ces notes.

V. L'adminiftration centrale, pour procéder à
ce tableau, s'adjoindra quinze citoyens des plus
éclairés dans ce genre d'affaire; elle le fera imprimer,

& l'enverra aux tribunaux du département &
au directoire exécutif, lequel formera de tous les
tableaux une collection qu'il tranfmettra pareillement aux tribunaux.

VI. Il fera procédé à ce tableau dans un mois,
à compter de la publication de la préfente; & en
cas qu'une adminiftration centrale n'eût pas envoyé
fon tableau dans le délai ci-deffus aux tribunaux
de département, ils prendront pour règle dans
leurs jugemens, jufqu'à ce qu'ils l'aient reçu, celui
du département le plus voifin, que le commiffaire
du directoire exécutif fera tenu de fe procurer &
de préfenter.

# N°. XXII.

*LOI relative au paiement des obligations contractées
poftérieurement au premier janvier 1791.*

## Du 14 fructidor an 5.

### ARTICLE PREMIER.

Seront acquittées en numéraire métallique, &
fans réduction, les obligations dont le titre produit
auroit une date poftérieure au premier janvier 1791,
ou à l'introduction des affignats & mandats dans
les pays réunis, la Corfe & les Colonies, lorfque
ce titre rappellera l'origine de la créance, ou un
titre antérieur à l'une ou à l'autre de ces époques,
ou qu'il fera dit *fans novation.*

II. Il en fera de même, s'il eft prouvé par

d'autres écrits émanés du débiteur, ou par son interrogatoire sur faits & articles, que le titre est relatif à une obligation contractée avant le premier
janvier 1791.

# N°. XXIII.

*LOI relative aux transactions entre particuliers, anté-
rieures à la dépréciation du papier-monnoie.*

## Du 15 fructidor an 5.

### ARTICLE PREMIER.

La suspension des remboursemens & paiemens
résultant de la loi du 29 messidor an 4, ou d'arrêtés
de représentans du peuple en mission dans les pays
réunis, est levée par rapport aux obligations désignées ci-après.

II. Toutes les obligations d'une date antérieure
au premier janvier 1791 ( vieux style ) seront acquitées en numéraire métallique sans réduction.

III. Les obligations contractées dans les pays réunis
par différentes lois à l'ancien territoire de la république françoise, ainsi que dans ceux de l'île de
Corse & dans les Colonies, avant l'introduction
dans ces pays des assignats & des mandats, seront
également acquitées en numéraire métallique.

IV. L'époque où le papier-monnoie a eu cours
forcé au pair dans chacun de ces pays, sera fixée
par l'administration centrale dans les départemens
où il y en a d'établies, & dans les lieux où il ne

s'en trouve pas, par le directoire exécutif ou par ses agens.

V. Tous traités, accords ou transactions faits depuis le premier janvier 1791 ( v. st. ), ou depuis les époques indiquées dans l'art. III, contenant fixation en numéraire métallique, réduction ou attermoiement d'une créance, résultant d'un autre titre, quelle qu'en soit la date ou quelle que soit la valeur exprimée dans ces nouveaux actes, auront leur pleine & entière exécution.

VI. Seront aussi exécutées de la même manière les obligations expressément stipu'ées payables en numéraire métallique, à quelque époque qu'elles aient été consenties.

Seront également acquitées de la même manière les obligations contractées dans les départemens réunis, qui ne contiennent pas la stipulation expresse d'être payables en assignats (1).

VII. Il en sera de même des obligations par lesquelles on aura promis de faire des délivrances en grains, denrées, matières d'or ou d'argent, ou autres marchandises.

VIII. Les tribunaux, tant de première instance que de cause d'appel, pourront accorder au débiteur, dont l'obligation est antérieure à la publication de la loi du 5 thermidor an 4, un délai qui ne pourra excéder un an, & qui courra, pour

----

(1) Voyez sous le N°. XXV, l'art. II & III de la loi du 11 frimaire, qui paroissent contraires à celui-ci.

toutes

toutes les obligations échues ou à écheoir indiftinctement, à compter de la publication de la préfente ; mais à la charge par le débiteur de payer
l'intérêt de fa dette pendant la durée du délai.

IX. Il ne fera point accordé de délai pour fommes dues par les dépofitaires, féqueftres ou mandataires.

X. Les tribunaux pourront auffi, fuivant les
circonftances, adjuger des provifions aux créanciers, en attendant le jugement du fond ; & il fera
paffé outre à l'exécution du jugement provifoire,
nonobftant l'appel, comme en matières fommaires.

XI. La préfente réfolution n'eft point applicable
aux loyers & fermages.

# N°. XXIV.

*Loi relative au mode de paiement des arrérages de
rentes & penfions , &c.*

## Du 26 brumaire an 6.

### ARTICLE PREMIER.

La fufpenfion de la loi réfultant de la loi du 29 meffidor an 4, pour le paiement des arrérages des rentes
& penfions & des intérêts, eft levée.

II. Les intérêts & arrérages des rentes perpétuelles & viagères & des penfions, quelle que foit
leur origine, qui ont couru depuis le premier
juillet 1790 jufqu'au premier janvier 1791 ( vieux

Q

ftyle ), ou jufqu'à l'introduction du papier-monnoie dans les pays énoncés en l'article 3 de la loi fur les tranfactions antérieures à fa dépréciation, & qui pourroient être encore dûs, feront acquittés en numéraire métallique fans réduction.

III. Les intérêts & arrérages procédant des mêmes obligations, qui ont couru depuis le premier janvier 1791, ou depuis l'introduction du papier-monnoie dans les pays dont il eft parlé en l'article précédent, jufqu'à la publication de la loi du 29 meffidor an 4, feront acquités en numéraire métallique d'après la réduction qui en fera faite à chaque époque de dépréciation que préfentera le tableau, fans égard aux termes d'échéance ftipulés, & fans y déroger pour l'époque des paiemens à venir.

IV. Ceux dûs, tant en vertu d'obligations antérieures aux époques ci-deffus, que d'obligations d'une date poftérieure, pour des capitaux non réductibles, & qui ont couru, à compter de la publication de la loi du 29 meffidor an 4, ainfi que ceux qui écherront à l'avenir, feront de même acquités en numéraire métallique.

V. Quant à ceux qui ont couru, à compter de la publication de la loi du 29 meffidor an 4, & qui écherront à l'avenir, procédant de capitaux fufceptibles de réduction, ils feront acquités en numéraire métallique, mais feulement pour la totalité des intérêts qui réfulteront du capital réduit fuivant le tableau de dépréciation.

VI. Les intérêts & arrérages de toute nature qui ont couru depuis le 12 nivôse an 3 , jufqu'à la publication de la loi du 29 meffidor an 4 , & qui font dûs en vertu d'aliénation de fonds ruraux, bois, moulins, ou en vertu de fixation de douaire , de dot, des droits fucceffifs , de légitime ou avancement d'hoirie, hypothéqués & fpécialement affectés fur des fonds ruraux, feront acquités , favoir :

En leur entier, ceux dont les capitaux ne feront réductibles d'après la loi, & de la même manière qu'ont été ou ont dû être payés les fermages des biens ruraux pendant le même intervalle de temps, conformément à la loi du 2 thermidor an 3 , & autres fubféquentes.

Et ceux dont les capitaux feront réductibles de la même manière pour l'intérêt réfultant du capital réduit.

VII. Les parcs & jardins d'agrément , & ceux inhérens aux maifons d'habitation , ne peuvent être confidérés comme biens ruraux ; mais fi un créancier de la claffe mentionnée en l'article précédent , faifoit la preuve par écrit que le propriétaire , fon débiteur , a été payé en tout ou en partie de la location defdits parcs ou jardins , fur le pied réglé par la loi du 2 thermidor & autres fubféquentes, les intérêts de fa créance lui feroient payés de la même manière que l'a été la partie ainfi louée & payée , & ce, dans la proportion de la valeur du parc ou jardin , comparativement à la valeur du

reſtant de l'immeuble hypothéqué, dont la loca‑
tion n'auroit été payée qu'en aſſignats.

VIII. Les diſpoſitions des lois relatives aux paie‑
mens définitifs & aux conſignations, auront leur
exécution pour les intérêts & arrérages mentionnés
dans la préſente loi.

IX. Interprétant en tant que de beſoin le mot
*échu* employé dans la loi du 15 pluviôſe dernier,
relativement au paiement des arrérages & intérêts,
lorſqu'il s'agira de payer en numéraire métallique
ſans réduction, pour régler ce qui devra être payé
ainſi, on comptera jour par jour ſans égard aux
termes d'échéance, & ſans déroger à ces termes
pour l'époque des paiemens à venir.

# Nº. XXV.

*Loi qui fixe le mode de rembourſement des obligations
contractées pendant la dépréciation du papier-monnoie.*

## Du 11 frimaire an 6.

ART. II. Les obligations contractées pour ſimple
prêt, en dette à jour ou autrement, depuis le pre‑
mier janvier 1791, dans les anciens départemens
de la France, ainſi que celles contractées dans les
départemens qui y ont été réunis, & dans l'île de
Corſe, depuis l'introduction du papier-monnoie
dans ces pays, juſqu'à la publication de la loi du
29 meſſidor an 4, feront cenſées conſenties valeur
nominale du papier-monnoie ayant cours, lorſque

le contraire ne fera pas prouvé par le titre même, & à ce défaut par des écrits émanés des débiteurs, ou par leur interrogatoire fur faits & articles (1).

III. Sont exceptées les obligations contractées dans la ci-devant Belgique, lefquelles, en conformité de l'article VI de la loi du 15 fructidor an 5, feront cenfées confenties en numéraire métallique, à défaut d'expreffion contraire.

IV. Le montant des obligations défignés en l'article II, fera, fauf les conditions ci-après, & pour toutes les fommes qui y ont donné lieu, réduit en numéraire métallique, fuivant le tableau de dépréciation ordonné par la loi.

V. Lorfque l'obligation aura été paffée à plus de deux ans de terme au-delà de l'époque du 29 meffidor an 4, le débiteur ne fera admis à demander la réduction en numéraire métallique, qu'autant qu'il aura légalement notifié au créancier, dans les deux mois qui fuivront la publication de la préfente pour tout délai, à peine de déchéance, fa renonciation aux termes à écheoir, avec offre de rembourfer le capital réduit, dans le délai d'une année, fans préjudice néanmoins de la prorogation antorifée par l'article XVIII ci-après.

VI. Le délai ci-deffus ne courra, à l'égard des billets au porteur ainfi que des billets à ordre à longs termes, que du jour de leur préfentation.

------

(1) Voyez ci-deffus N°. XXIII, l'art. VI de la loi du 15 fructidor dernier.

VII. Les réductions qui seront requises & ordonnées en exécution des articles IV & V ci-dessus, ne pourront l'être qu'à la charge par le débiteur de payer, au taux de cinq pour cent, les intérêts échus ou à écheoir du capital réduit, & ce, suivant le mode de paiement qui sera établi pour les intérêts & pensions, par une loi particulière, ce qui aura lieu quand même, en considération des termes ou autrement, les intérêts du capital fourni en papier-monnoie, auroient été stipulés à des taux inférieurs, ou même qu'il n'en auroit été stipulé aucuns.

VIII. L'article VII de la loi du 15 fructidor dernier, n'est point applicable aux prêts en papier-monnoie, pour le remboursement desquels l'emprunteur s'est soumis de fournir une quantité fixe de grains, denrées ou marchandises, à une époque déterminée, ou leur valeur courante au temps de l'échéance.

Les engagemens ainsi conçus pourront, à la réquisition du débiteur, être réduits d'après l'échelle de dépréciation, lorsqu'il sera vérifié que la valeur de la quantité promise de grains, denrées ou marchandises, excédoit de moitié au temps du contrat, celle du capital prêté ; & si ce capital n'a pas été exprimé, la preuve de sa consistance pourra être faite par d'autres écrits du créancier, ou par son interrogatoire sur faits & articles.

IX. Lorsqu'une obligation, susceptible de réduction, rappellera un droit certain ou un autre acte antérieur, & dont les causes sont néanmoins postérieures au premier janvier 1791, ou bien lorsqu'il fera prouvé de la manière indiquée en l'article II, que ladite obligation dérive d'un plus ancien prêt en papier-monnoie, la réduction fera faite, eu égard aux valeurs réellement fournies, en remontant à l'origine de la dette ; le tout fans préjudice de l'exécution de la loi du 14 fructidor dernier, pour les obligations originairement dues en efpèces métalliques.

X. Quand le débiteur aura emprunté une fomme en papier-monnoie pour fe libérer envers un ancien créancier, le capital ainfi prêté fera foumis à l'échelle de réduction du jour de la nouvelle obligation, fans que le nouveau créancier qui en a fourni le montant, puiffe fe prévaloir, quant à ce, de la fubrogation aux droits ainfi qu'à l'hypothèque ou au privilége de l'ancien créancier qui a été rembourfé de fes deniers.

Il en fera ufé de même à l'égard du co-obligé qui s'eft fait fubroger aux droits d'un créancier commun, en payant la part d'un autre co-débiteur.

XI. La réduction ci-deffus n'eft pas applicable, 1°. aux fimples ceffions & tranfports de dettes ; 2°. aux endoffemens d'effets négociables ; 3°. aux délégations & indications de paiement, même aux délégations acceptées.

Dans tous ces cas & fauf les exceptions légales, les ceffionnaires ou délégataires pourront faire valoir en entier les droits des cédans ou délégans contre les débiteurs cédés ou délégués.

XII. Tous dépofitaires & féqueftres volontaires

ou judiciaires feront valablement libérés **en remet-**
tant en même nature les fommes qu'ils auront reçues
aux fufdits titres, de quelque caufe qu'elles **pro-**
viennent, ou leur valeur repréfentative en d'autre
papier-monnoie, lorfqu'elle aura été échangée **en**
conformité des lois.

Sont & demeurent exceptés ceux qui ont été en
demeure de reftituer lefdites valeurs, de même que
les dépofitaires qui fe feroient foumis d'en payer
l'intérêt.

Dans ces cas, les capitaux légitimement dûs feront rembourfés en numéraire métallique, néanmoins d'après l'échelle de dépréciation, eu égard
aux époques, foit de la demeure, foit de la ftipulation d'intérêt.

XIII. A l'égard des mandataires à titre onéreux
ou gratuit qui auront reçu des fommes en papier-
monnoie pour le compte de leurs commettans, il
en fera ufé felon la difpofition générale du droit;
& ce dont ils feront déclarés débiteurs, fera réduit d'après l'échelle, en partant de l'époque où
ils auront été reconnus en demeure.

XIV. Les fommes dues, 1°. pour vente de droits
fucceffifs, ou en conféquence de traités fur des
droits & prétentions de même nature; 2°. pour
gages ou falaires de domeftiques, autres que ceux
qui ont été fixés en papier-monnoie; 3°. pour les
émolumens & falaires, tant des greffiers que de
tous officiers miniftériels, lorfqu'ils auront été taxés

d'après les anciens réglemens, feront payés en numéraire métallique fans réduction.

XV. La même difpofition aura lieu en ce qui
concerne le prix des ventes de matières d'or &
d'argent, marchandifes & autres chofes mobilières, ou pour fournitures de grains & denrées, fi
mieux l'acheteur n'aime en payer l'eftimation au
temps du contrat, pareillement en numéraire métallique.

XVI. Les tuteurs ou curateurs rendront aux mineurs, en numéraire métallique, 1°. les capitaux
qu'ils auront reçus en même nature pendant la durée
de leur adminiftration, & dont ils n'auroient pas
fait emploi dans les délais prefcrits par les lois.

2°. Le prix eftimatif des valeurs mobilières inventoriées antérieurement au premier janvier 1791,
avec la crue dans les pays où elle eft ufitée, lorfqu'ils auront négligé de les faire vendre à l'encan;
à moins qu'ils n'en ayent été difpenfés, en tout
ou en partie, par une délibération des parens, ou
par la difpofition du père de famille.

Quant aux capitaux par eux reçus en papier-
monnoie, ainfi qu'au prix eftimatif des valeurs mobilières, inventoriées depuis le premier janvier 1791,
de même qu'aux capitaux provenus de la vente
judiciaire d'icelles, les tuteurs & curateurs, à défaut d'emploi, ne feront tenus de les reftituer que
d'après l'échelle de réduction, felon les époques;
fi mieux les mineurs ne préfèrent, à l'égard des

meubles, de se prévaloir de ceux qui feront encore exiſtans.

XVII. Les ſommes, rentes & penſions dues à titre de pure libéralité, par des actes entre-vifs, ou à cauſe de mort, quand même elles feroient affectées ſur des ſucceſſions ouvertes depuis la dépréciation du papier-monnoie, feront acquitées en numéraire métallique ; ſauf la réductibilité deſdites ſommes, rentes & penſions, dans les cas ſeulement où elle eſt autoriſée par la loi du 17 nivôſe an 2.

XVIII. Tout ce qui a été preſcrit par les articles VIII, IX & X de la loi du 15 fructidor dernier, fera obſervé, quant au délai qui peut être accordé aux débiteurs dont les dettes font échues, & aux proviſions qui pourront être requiſes par les créanciers.

# Nº. XXVI.

*Loi concernant la vente des immeubles pendant la dépréciation du papier-monnoie.*

## Du 16 nivôſe an 6.

## TITRE PREMIER.

*Des aliénations d'immeubles.*

**Art. II.** Les ſommes dues à raiſon de ventes d'immeubles faites, ſoit en propriété, ſoit en uſufruit, depuis le premier janvier 1791 juſqu'à la publication de la loi du 29 meſſidor an 4, feront

acquitées en efpèces métalliques, néanmoins d'a-
près la réduction & liquidation qui en feront faites
ainfi qu'il fuit, fi mieux l'acquéreur ne préfere de
s'en tenir aux claufes du contrat, & qu'il fera tenu
de notifier au vendeur dans le *délai de trois mois*, à
dater de la publication de la préfente.

III. Pour déterminer la réduction, lorfqu'elle devra avoir lieu, foit fur la totalité du prix, fi elle
eft encore due, foit fur la portion reftante, les
parties feront, en cas de non conciliation, renvoyées à des experts, qui vérifieront & eftimeront
la valeur réelle que l'immeuble vendu pouvoit avoir
en numéraire métallique au temps du contrat, eu
égard à fon état à la même époque, & d'après *la
valeur ordinaire* des immeubles de même nature dans
la contrée.

IV. L'acquéreur fera tenu, à peine des dom-
mages-intérêts du vendeur, de faire procéder au
rapport des experts dans quatre décades pour tout
délai, à dater de la fignification qui lui aura été faite
du jugement interlocutoire, & les frais de la première expertife feront toujours à fa charge, à moins
qu'il n'ait fait préalablement au vendeur une offre
jugée fuffifante par l'événement de l'eftimation.

V. Les acquéreurs qui ont payé en papier-monnoie, conformément aux lois exiftantes, une partie
du prix convenu, font valablement acquités d'une
femblable quotité proportionnelle de la valeur eftimative de l'immeuble vendu : de forte que s'ils
ont payé la moitié ou les trois quarts du prix

ftipulé , ils ne pourront être confidérés comme débiteurs que de la moitié ou du quart reftant de la
valeur eftimative, telle qu'elle fera réglée par l'expertife, *fans préjudice toutefois de l'action en léfion
d'outre-moitié dans le cas de droit, & pour les contrats
antérieurs à la publication de la loi du 14 fructidor an 3,
dont le mode & les effets feront réglés par une loi particulière.*

VI. L'acquéreur ne pourra, au furplus, demander la réduction autorifée par les articles II & III,
qu'aux conditions fuivantes : 1°. de payer au taux
de cinq pour cent, *& felon le mode qui fera établi
pour le paiement des intérêts dûs en vertu d'aliénation
d'immeubles*, les arrérages d'intérêts du prix ou de
la portion du prix réductible dont il fe trouvera
débiteur ; 2°. de renoncer, le cas échéant, aux
termes ftipulés par le contrat de vente qui auroient
été portés à plus de trois ans au-delà de la publication de la loi du 29 meffidor an 4.

VII. Les rentes viagères créées pour caufe d'aliénation d'immeubles, foit qu'elles l'aient été fans
préfixion de capital, ou moyennant un capital formant partie du prix de vente, continueront d'être
acquitées en efpèces métalliques & fans réduction,
fi mieux le débiteur n'aime réfilier le contrat, en
acquitant les arrérages ; ce qu'il fera tenu d'opter
& de notifier dans les deux mois de la publication
de la préfente.

VIII. A l'égard des rentes perpétuelles qui ont
la même origine , elles feront également acquitées

en numéraire & fans réduction, jufqu'au rachat d'icelles.

IX. Lorfque le vendeur s'eft réfervé, par claufe expreffe, la jouiffance de l'immeuble vendu pendant un certain nombre d'années, moyennant un prix de location, correfpondant à l'intérêt égal du prix de la vente ftipulé en papier-monnoie, le montant de la location, même pour les arrérages qui en font dûs, eft réductible à dire d'expert, dans la même proportion & de la même manière que le feroit le principal du fufdit prix, au cas prévu par les articles II & III.

X. Toutes délégations & indications de paiement, réfultant des contrats de vente paffés pendant le cours du papier-monnoie, obligent l'acquéreur à rapporter au vendeur les quittances des créanciers délégués, aux droits defquels il demeure réciproquement fubrogé lorfqu'ils ont été rembourfés de fes deniers.

Dans le cas ci-deffus prévu, l'acquéreur a la faculté de réfilier s'il fe croit léfé; & tout ce qu'il a payé au vendeur, ou à fa décharge, lui fera rembourfé d'après l'échelle de dépréciation, felon les époques de chaque paiement.

XI. Ce qui a été prefcrit par la loi du 15 fructidor an 5, au fujet de la prorogation du délai que les tribunaux ont la faculté d'accorder aux débiteurs de créances contractées en papier-monnoie, & des provifions qui peuvent être requifes par les créanciers, fera, à dater de la publication de la préfente, obfervé, tant à l'égard des prix de ventes échus, que des autres obligations ci-après énoncées.

## T I T R E  I I.

### *Des licitations & partages.*

XII. Les difpofitions contenues dans le titre premier auront leur effet à l'égard des fommes dues pour prix de licitation d'immeubles, ou pour foulte & retour dans les partages entre co-héritiers ou communiftes, furvenus aux époques ci-deffus énoncées, fans qu'à raifon de ce, le débiteur puiffe rappeler les autres intéreffés à partage, à moins qu'il n'y eût léfion du tiers au quart dans les premiers actes entr'eux intervenus.

## T I T R E  I I I.

### *Des dots & avantages matrimoniaux.*

XIII. Les conftitutions de dot en avancement d'hoirie, de même que celles qui ont été faites pour tenir lieu d'un droit acquis, feront acquitées en numéraire métallique fans réduction. Il en fera de même des conftitutions faites poftérieurement à la loi du 17 nivôfe an II, à moins qu'elles n'excèdent le montant d'une portion co-héréditaire fur les biens du conftituant, eu égard à l'état de fa fortune au temps du contrat, auquel cas feulement elles pourront être réduites par les tribunaux jufqu'à concurrence de ladite portion.

Cette réduction ne pourra néanmoins avoir lieu lorfque, pour le paiement de la fomme conftituée, il aura été remis, par claufe expreffe, un immeuble en nantiffement, dont les fruits font compenfables fur les intérêts du capital promis.

XIV. Les douaires préfix, l'augment & contre-augment, ainfi que tous autres avantages matrimoniaux ftipulés par les contrats de mariage, feront pareillement acquités en numéraire métallique, & fans autre réduction ni limitation que celles dont la dot elle-même fera fufceptible, lorfque lefdits avantages ont été fixés en proportion d'icelle, & fauf l'exécution de ce qui eft prefcrit par la loi du 17 nivôfe an II, pour la converfion, le cas échéant, defdits avantages & ufufruits de moitié fur les biens du conftituant.

XV. Les reftitutions des dots & autres reprifes matrimoniales feront faites par les maris ou par leurs héritiers, en numéraire métallique, pour tout ce qu'ils en auront reçu ou dû recevoir de la même manière, & en valeurs réduites d'après le tableau de dépréciation, pour tout ce qu'ils auront reçu en papier-monnoie, en partant des époques des paiemens, à moins que les maris n'en aient fait un emploi ou remploi, dans les pays & feulement dans les cas où ils y étoient foumis, & en ce dernier cas, le bénéfice de l'emploi ou remploi appartiendra à la femme.

# TITRE IV.

*Des rapports dans les successions, des légitimes & des donations répudiées.*

XVI. Les enfans ou petits-enfans venant à partage, de même que les légitimaires qui demanderont l'expédition de leur légitime, ou qui auronr droit au supplément d'icelle, rapporteront à la masse, en numéraire métallique, ce qui sera justifié avoir été reçu par eux ou leurs auteurs, pareillement en numéraire, & en valeurs, réduites d'après le tableau de dépréciation, le montant de ce qui leur aura été payé sur leurs droits successifs ou de légitime, à compte ou autrement, en papier-monnoie, pendant qu'il a eu cours.

Il en sera usé de même dans le cas du rapport des dots, & des rapports qui seront faits dans les successions collatérales.

XVII. Dans le cas ou une donation seroit répudiée, & les parties remises en conséquence dans leur premier état, le donataire, en rendant compte des dettes actives & autres capitaux qu'il a reçus pendant sa jouissance, ainsi que des paiemens par lui faits à la décharge des biens, sera assujéti aux mêmes règles & distinctions établies par l'article précédent à l'égard des co-héritiers & des légitimaires, de manière que tout ce qu'il aura exigé ou payé pendant la dépréciation du papier-monnoie, sera soumis à l'échelle de réduction, à moins qu'il

n'apparoisse

n'apparoiſſe que les paiemeus par lui faits ou reçus l'ont été en eſpèces métalliques.

# TITRE V.

*Des engagemens & liquidations de commerce.*

XVIII. Lorſqu'à la ſuite d'une diſſolution de ſociété, ou à l'occaſion d'une liquidation de commerce pendant le cours du papier-monnoie, il y aura eu de la part d'un aſſocié, vente de ſa portion de fonds au profit d'un autre aſſocié, ou lorſque le fonds entier d'un commerce aura été cédé ou tranſporté à un tiers, le prix ou reſtant du prix ne pourra être acquité qu'en numéraire métallique & ſans réduction, ſi mieux l'acheteur ou ceſſionnaire n'aime payer la valeur de l'objet vendu ou cédé au temps de la convention des parties, ſelon l'eſtimation qui en ſera faite pareillement en numéraire, ſur la repréſentation des inventaires, livres-journaux, états à double ou factures, & autres documens.

XIX. Les arrangemens ci-deſſus énoncés ne peuvent porter aucune atteinte aux droits & à l'action directe des créanciers du commerce contre les perſonnes dénommées dans la raiſon ſociale, ou qui s'y trouvent compriſes ſous la déſignation de *compagnie*, ſauf leur recours entr'elles, ainſi qu'elles aviſeront.

XX. Dans toutes les conteſtations qui pourront

s'élever, 1°. entre affociés, avant comme après la diffolution de la fociété, au fujet de leur mife de fonds ou du rembourfement, le cas échéant, foit de leurs comptes courans, obligés ou libres, foit des profits liquidés; 2°. entre les affociés & ceux qui n'ont fait que prêter leur nom au commerce; 3°. entre les affociés libres & les commenditaires, les parties feront tenues de fe régler d'après l'ufage de chaque place de commerce; à l'effet de quoi, & fur la réquifition de l'une d'elles, elles feront renvoyées pardevant des négocians arbitres, qui, en conformité du titre IV de l'ordonnance de 1673, ftatueront fur le différend, même, le cas échéant, fur l'application de l'échelle de dépréciation du papier-monnoie.

XXI. Les engagemens de commerce foufcrits, à quelque titre, pour quelque caufe & à quelque terme que ce foit, au profit de tierces perfonnes, pendant la durée de la dépréciation du papier-monnoie, & dont le montant fe trouve encore dû, feront foumis en tout point aux règles établies pour les obligations ordinaires furvenues pendant le même intervalle, quant à la réduction des capitaux en numéraire métallique, & aux délais des paiemens.

XXII. Tout débiteur par compte courant, dont la folde étoit payable en papier-monnoie, de même que tout négociant, commiffionnaire qui, par ordre & pour compte de fes commettans, aura vendu, pareillement en papier-monnoie, des marchandifes ou exigé des effets négociables dont le produit aura été laissé entre ses mains, seront valablement libérés en rendant en même nature ce qu'ils ont reçu, ou sa valeur d'après l'échelle de dépréciation, au temps de la suppression du papier-monnoie, à la charge cependant de justifier, dans l'un & l'autre cas, par leur correspondance ou autrement, qu'aussitôt après la réception des mêmes fonds, ils les ont tenus à la disposition de leurs créanciers ou commettans.

Dans le cas contraire, ils en seront présumés rétentionnaires par leur propre fait, & ils en paieront la valeur, réduite d'après l'échelle de dépréciation, à l'époque où leur compte auroit dû être arrêté & soldé.

# N°. XXVII.

*Loi additionnelle à celles du 11 frimaire an 6 & 16 nivôse suivant, concernant les transactions entre particuliers & les ventes d'immeubles pendant la dépréciation du papier-monnoie.*

## Du 16 nivôse an 6.

### ARTICLE PREMIER.

Toutes les conditions prescrites par les articles V & VII de la loi du 11 du présent mois, aux débiteurs à longs termes, pour obtenir la réduction en numéraire métallique des capitaux par eux dûs, font communes aux débiteurs par contrat de conftitution de rente, ayant pareillement pour caufe un capital fourni en papier-monnoie.

Ils feront en conféquence foumis de notifier à leurs créanciers, dans le délai de deux mois, à dater de la publication de la préfente, & à peine de déchéance, leur renonciation à la faculté de rembourfer à volonté le principal defdites rentes, & leur foumiffion de payer au taux de cinq pour cent les intérêts échus & à écheoir du capital réduit.

II. Néanmoins les débiteurs par contrats de conftitutions de rente, qui auront fait leur option de la manière ci-deffus, jouiront d'un délai de deux années, à dater de la publication de la loi du 11 du préfent mois, pour le rembourfement par moitié, à l'expiration de chaque année, du capital réduit d'après l'échelle, fi mieux les créanciers ne préfèrent d'en recevoir la totalité à la dernière échéance, fans préjudice des provifions qui pourront être accordées à leur réquifition.

III. Dans le cas de la réduction ordonnée par l'article VIII de ladite loi à l'égard des prêts en papier-monnoie, dont le rembourfement auroit été ftipulé, foit en une quantité fixe de grains, denrées ou marchandifes, foit au choix du débiteur, en leur valeur courante au terme de l'échéance, les intérêts du capital ainfi réduit, feront alloués au créancier, à raifon de cinq pour cent, à dater de l'époque de l'engagement.

IV. Le vendeur aura, dans tous les cas, comme

l'acquéreur, la faculté de s'en tenir aux claufes du contrat, pour fe fouftraire à l'expertife, en le notifiant à l'acquéreur, dans le délai prefcrit par l'article II de la réfolution du 28 vendémiaire dernier, auquel cas il ne pourra prétendre que le rembourfement du prix ou reftant du prix, d'après l'échelle de dépréciation.

V. Les débiteurs de rentes perpétuelles ayant pour caufe une aliénation d'immeubles, feront tenus, dans le cas du rachat, de rembourfer le capital en numéraire métallique, fi mieux ils n'aiment remplir les conditions prefcrites par l'article VI de la fufdite réfolution, pour les prix des ventes qui font dûs à longs termes, ce qu'ils feront tenus d'opter & de notifier à leurs créanciers, dans le délai de deux mois, à dater de la publication de la préfente; & en ce cas, tout ce qui a été prefcrit par les articles I, II, III, IV & V de la même réfolution, fera obfervé pour déterminer le capital rembourfable.

VI. Il n'eft rien innové par l'article XIII de la même réfolution, à la difpofition des coutumes d'égalité parfaite, quant aux conftitutions de dots qui ont eu lieu dans ces coutumes antérieurement à la loi du 17 nivôfe an II : elles feront en conféquence réductibles de même que celles qui ont été faites dans les mêmes coutumes & ailleurs poftérieurement, lorfqu'elles excéderont le montant d'une portion héréditaire fur les biens du conftituant, au temps du contrat.

R 3

VII. Les préciputs & autres avantages matrimoniaux à prélever fur les communautés en pays coutumier, feront, dans tous les cas, affujétis aux mêmes réductions dont la portion de la dot qui a formé la mife en communauté feroit fufceptible, quand même ils n'auroient pas été fixés par la ftipulation en proportion d'icelle.

# N°. XXVIII.

*EXTRAIT de la loi fur le paiement des rentes viagères conftituées entre particuliers, en numéraire, affignats ou mandats.*

## Du 13 pluviôfe an 6.

ART. II. Les rentes viagères créées par des contrats antérieurs au premier janvier 1792 ( v. ft. ) inclufivement, continueront d'être acquitées valeur nominale & fans réduction.

III. A l'égard de celles qui ont été établies par des contrats poftérieurs à ladite époque, elles ne feront pareillement foumifes à aucune réduction : 1°. quand elles auront eu pour caufe un capital fourni en efpèces métalliques ou en denrées, en marchandifes ou meubles, non eftimés en papier-monnoie; 2°. quand elles auront été ftipulées payables en numéraire ou en grains & autres denrées; 3°. lorfque le changement des efpèces aura été expreffément prévu par le titre conftitutif, & qu'en conféquence le débiteur fe fera foumis d'acquiter la rente en la monnoie qui auroit cours aux échéances ; 4°. lorfqu'il fera juftifié de la manière prefcrite par la loi du 14 fructidor an 5, que la rente viagère exiftante n'eft que la repréfentation d'une autre créance, ou d'un droit certain, antérieurs au premier janvier 1791.

IV. Ne feront pareillement fujettes à aucune réduction les rentes viagères promifes & ftipulées par contrat ou accordées par jugement pendant la durée de la dépréciation du papier-monnoie, fans expreffion d'aucun capital fourni, foit pour tenir lieu d'alimens, foit pour toute autre caufe.

V. A l'égard des rentes viagères créées moyennant un capital fourni en papier-monnoie depuis ladite époque du premier janvier 1792 jufqu'au premier juillet 1793 (vieux ftyle), elles font maintenues, & elles feront acquitées valeur nominale en numéraire, lorfqu'elles n'excéderont pas le MAXIMUM de dix pour cent fur la tête du prêteur âgé de foixante-dix ans accomplis, en partant de l'époque du contrat ; de neuf pour cent fur la tête d'un fexagénaire ; de huit pour cent fur une feule tête d'un âge inférieur ; & de fept pour cent fur deux ou plufieurs têtes de tout âge.

VI. Les rentes de même nature qui ont été créées depuis le premier juillet 1793 jufqu'au 23 feptembre 1794, correfpondant au premier jour de l'an 3 de la république, font réductibles dans les proportions fuivantes ; favoir : à fept pour cent fur la tête d'un feptuagénaire, à fix pour cent fur la tête d'un fexagénaire, à cinq pour cent fur la tête d'un prêteur d'un âge inférieur, & à quatre pour cent fur deux ou plufieurs têtes de tout âge.

VII. Quant aux rentes créées pareillement au moyen d'un capital en papier-monnoie, depuis le premier jour de l'an 3 jufqu'à la publication de la loi du 12 frimaire an 4, elles demeurent, fauf les exceptions ci-après, affujéties à un *maximum* de trois & demi pour cent, en vendémiaire an 3, & à un *minimum* d'un pour cent fur une feule tête, en brumaire & frimaire an 4 ; & elles font en conféquence réductibles felon les proportions établies par le tarif de leur dépréciation graduelle, de mois en mois, lequel eft annexé à la préfente.

VIII. Les rentes qui auront été créées dans le même intervalle fur la tête de perfonnes âgées de plus de foixante ans à l'époque des contrats, feront portées dans chaque claffe du tarif énoncé en l'article précédent, à demi pour cent de plus que celle des rentiers d'un âge inférieur, & celles qui ont été créées fur la tête des feptuagénaires feront pareillement portées à un pour cent de plus ; en forte que le *maximum* des premières fera fixé, en vendémiaire an 3, à quatre pour cent ; celui des fecondes à quatre & demi pour cent ; & que leur *minimum* en brumaire & frimaire an 4, fera, pour les premières, d'un & demi pour cent ; & pour les fecondes, de deux pour cent.

IX. A l'égard des rentes créées dans le même in-tervalle du premier de l'an 3 à la loi du 12 frimaire an 4, fur deux ou plufieurs têtes de tout âge, elles reftent foumifes à une diminution d'un pour cent dans chaque claffe du tarif; & néanmoins leur *minimum* dans les dernières claffes, ne pourra être porté au-deffous de demi pour cent.

Sont exceptées de la difpofition ci-deffus les rentes créées fur deux têtes âgées de foixante ans accomplis; & elles feront acquitées fans diminution, conformément au tarif de l'article VII.

X. Dans aucun des cas ci-deffus, le débiteur ne pourra être obligé de payer annuellement plus du capital de la valeur des affignats, réduit d'après l'échelle de dépréciation du département où le contrat a été paffé.

XI. Les fixations & réductions faites par les articles V, VI, VII, VIII & IX, font, fans préjudice de l'exécution des conventions des parties, dans le cas où les rentes viagères auroient été créées à des taux inférieurs.

XII. En ce qui concerne les rentes viagères créées depuis la publication de la loi du 12 frimaire an 4, jufqu'à celle du 15 germinal fuivant, le capital fourni en affignats fera réduit au centième de fa valeur nominale, conformément à l'article VII de la loi du 19 du fufdit mois de frimaire relative à l'emprunt forcé; &, fur le capital ainfi déterminé, il fera reconftitué une nouvelle rente de quinze pour cent au profit des feptuagénaires, de douze pour cent au profit des fexagénaires, & de dix pour

cent au profit de tous les prêteurs d'un âge inférieur.

XIII. Dans tous les cas ci-deſſus prévus, il ſera
libre aux débiteurs des rentes viagères d'en requé-
rir la réduction aux divers taux réglés par les articles V, VI, VII, VIII, IX & XII. Ce qu'ils ſeront tenus de dénoncer aux créanciers, en perſonne
ou à domicile, dans le délai de deux mois, à dater
de la publication de la préſente ; à défaut de quoi
ils ſeront cenſés avoir opté pour la continuation
du paiement de la rente au taux & à la valeur nominale déterminé par la convention.

*TARIF de la réduction graduelle & proportionnelle que
doivent ſubir les rentes viagères conſtituées depuis le
commencement de l'an 3.*

Leſdites rentes ſont réductibles dans les proportions ſuivantes ; ſavoir : dans le courant de vendémiaire an 3, ſur le pied du MAXIMUM fixé par
l'article VII de la préſente loi... 3 $\frac{1}{2}$ pour cent.

En brumaire ſuivant......... 3 $\frac{2}{5}$

En frimaire................... 3 $\frac{1}{5}$

En nivôſe.................... 3 »

En pluviôſe.................. 2 $\frac{4}{5}$

En ventôſe................... 2 $\frac{3}{5}$

En germinal.................. 2 $\frac{2}{5}$

En floréal ................... 2 $\frac{1}{5}$

En prairial....................... 2 »

En meffidor.................... 1 $\frac{4}{5}$

En thermidor................. 1 $\frac{3}{5}$

En fructidor & dans les jours complémentaires. .............. 1

En vendémiaire an 4......... 1 $\frac{1}{5}$

En brumaire & frimaire, fur le pied du MINIMUM de.......... 1 »

*Nota.* Il fera ajouté dans chacune defdites claffes, un pour cent de plus en faveur des feptuagénaires, & demi pour cent de plus en faveur des fexagénaires.

Il fera, au contraire, déduit un pour cent fur les rentes originairement créées fur plufieurs têtes au-deffous de foixante ans, fans qu'elles puiffent être réduites au-deffous du *minimum* de demi pour cent.

$F I N.$

A Paris, de l'imprimerie de STOUPE, rue de la Harpe, N°. 188, an VI.

| Anné | Septemb. | Octobre. | Novembre. | Décemb. |
|---|---|---|---|---|
| 1791 f. | 8 l. 10 f. | 8 l. 10 f. | 1re. décade 80 l. 10 f.<br>2e. décade 79 10<br>3e. décade 77 " | 75 l. 10 f.<br>71 10<br>68 10 |
| 1792 . | 61 "<br>63 "<br>66 " | . . . . .<br>69 "<br>. . . . | . . . . . . . . . . . .<br>. . . . . . 69 "<br>. . . . . . . . . . . . | 66 "<br>66 "<br>63 " |
| 1793 . | 31 10<br>30 "<br>29 10 | . . . . .<br>30 "<br>. . . . | . . . . . . 33 "<br>. . . . . . 37 "<br>. . . . . . 43 " | 45 "<br>47 10<br>51 10 |
| 1794 . | . . . . .<br>31 "<br>. . . . . | 29 "<br>28 10<br>28 " | . . . . . . 27 10<br>. . . . . . 26 10<br>. . . . . . 25 10 | 24 10<br>23 "<br>22 " |
| 179! | | | | |

| Meffidor. | Thermidor. | Fructidor. |
|---|---|---|
| 3 liv. 15 fols. | 3 liv. 10 fols. | 2 liv. 15 fols. |
| 3  10 | 3  5 | 2  10 |
| 3  15 | 3  " | 2  5 |

fols les 100 livres.

| | An ntôfe. | | Germinal. | | | Floréal. | | | Prairial. | | |
|---|---|---|---|---|---|---|---|---|---|---|---|
| 1re. dé | 6 f. | 6 d. | » l. | 7 f. | 9 d. | » l. | 8 f. | » d. | » l. | 4 f. | 9 d. |
| | 6 | 8 | » | 8 | 3 | » | 8 | » | » | 4 | " |
| 2e. dé | 6 | 3 | » | 8 | 4 | » | 7 | 5 | » | 3 | 11 |
| | 6 | 9 | » | 8 | 2 | » | 6 | 7 | » | 3 | 7 |
| 3e. dé | 6 | 9 | » | 8 | 1 | » | 5 | 10 | | | |
| | 8 | 8 | » | 8 | " | » | 5 | 8 | | | |

| | Prairial. | | | Meffidor. | | |
|---|---|---|---|---|---|---|
| . | 11 liv. | 4 fols | » den. | 7 liv. | 4 fols | 6 den. |
| | 7 | 9 | 4 | 6 | 19 | 6 |
| | 6 | 15 | 3 | 7 | 8 | 6 |
| | 5 | 3 | 6 | 7 | 10 | " |
| | 8 | 8 | 3 | 6 | 14 | 6 |
| | 8 | 7 | 6 | 5 | 10 | 10 |

*ÉCHELLE de dépréciation des Papiers-Monnoies, calculée sur l'unité de 100 livres Assignats & 100 livres Mandats, à partir du premier janvier 1791, (vieux style) jusqu'au premier messidor an IV, pour le département de la Seine.*

## Pour 100 livres Assignats.

| Années | | Janvier. | Février. | Mars. | Avril. | Mai. | Juin. | Juillet. | Août. | Septemb. | Octobre. | Novembre. | Décemb. |
|---|---|---|---|---|---|---|---|---|---|---|---|---|---|
| 1791 | 1re. décade | .... 91 l. 10 s. | 91 l. 10 s. | 90 l. 10 s. | 89 l. 10 s. | 85 l. 5 s. | 85 l. 5 s. | 82 l. » s. | 81 l. 10 s. | 81 l. 10 s. | 81 l. 10 s. | 80 l. 10 s. | 75 l. 10 s. |
| | 2e. décade | | | | | | | | | | | 79 10 | 71 10 |
| | 3e. décade | | | | | | | | | | | 77 » | 68 10 |
| 1792 | 1re. déc. | 66 15 | 60 5 | .... | 54 10 | 58 » | 57 » | .... | .... | 61 » | .... | .... | 66 » |
| | 2e. déc. | 64 10 | 56 10 | 53 » | 56 10 | 57 » | 58 10 | 60 » | 59 » | 63 » | 69 » | ....69 » | 66 » |
| | 3e. déc. | 63 5 | 53 » | .... | 59 » | 55 10 | 60 » | .... | .... | 66 » | .... | .... | 63 » |
| 1793 | 1re. déc. | 61 » | .... | 54 » | 49 » | 46 10 | 42 10 | 36 » | .... | 31 10 | .... | ....33 » | 45 » |
| | 2e. déc. | 59 » | 56 » | 52 » | 48 » | 45 » | 41 10 | 34 » | 32 » | 30 » | 30 » | ....37 » | 47 10 |
| | 3e. déc. | 55 » | .... | 50 » | 47 » | 44 » | 40 » | 33 » | .... | 29 10 | .... | ....43 » | 51 10 |
| 1794 | 1re. déc. | 49 » | 47 » | 41 » | .... | .... | .... | .... | .... | .... | 29 » | ....27 10 | 24 10 |
| | 2e. déc. | 48 10 | 44 » | 40 » | 37 » | 36 » | 34 » | 34 » | 32 » | 31 » | 28 10 | ....26 10 | 23 » |
| | 3e. déc. | 48 » | 41 » | 38 » | .... | .... | .... | .... | .... | .... | 28 » | ....25 10 | 22 » |
| 1795 | 1re. déc. | 21 » | 19 » | 17 » | | | | | | | | | |
| | 2e. déc. | 20 » | 18 10 | 16 » | | | | | | | | | |
| | 3e. déc. | 19 10 | 17 » | | | | | | | | | | |

| An III | | Germinal. | Floréal. | Prairial. | Messidor. | Thermidor. | Fructidor. |
|---|---|---|---|---|---|---|---|
| | 1re. décade | 15 liv. » sols. | 11 liv. 10 sols. | 7 liv. » sols. | 3 liv. 15 sols. | 3 liv. 10 sols. | 2 liv. 15 sols. |
| | 2e. décade | 13 » | 11 » | 6 » | 3 10 | 3 5 | 2 10 |
| | 3e. décade | 12 » | 8 10 | 4 » | 3 15 | 3 » | 2 5 |

Jours complémentaires, à 2 livres 5 sols les 100 livres.

| An IV | | Vendémiaire. | Brumaire. | Frimaire. | Nivôse. | Pluviôse. | Ventôse. | Germinal. | Floréal. | Prairial. |
|---|---|---|---|---|---|---|---|---|---|---|
| 1re. déc. | 5 1ers. j. | 2 l. 2 s. 6 d. | 1 l. 6 s. 6 d. | » l. 14 s. 9 d. | » l. 8 s. 9 d. | » l. 9 s. » d. | » l. 6 s. 6 d. | » l. 7 s. 9 d. | » l. 8 s. » d. | » l. 4 s. 9 d. |
| | 5 dern. j. | 2 » » | » 18 » | » 14 3 | » 9 9 | » 9 » | » 6 8 | » 8 3 | » 8 » | » 4 » |
| 2e. déc. | 5 1ers. j. | 2 » » | » 17 6 | » 12 9 | » 10 3 | » 9 » | » 6 3 | » 8 4 | » 7 5 | » 3 11 |
| | 5 dern. j. | 1 18 6 | » 15 » | » 12 » | » 8 9 | » 8 6 | » 6 9 | » 8 2 | » 6 7 | » 3 7 |
| 3e. déc. | 5 1ers. j. | 1 13 9 | » 15 9 | » 12 6 | » 9 6 | » 7 9 | » 6 9 | » 8 1 | » 5 10 | |
| | 5 dern. j. | 1 8 8 | » 15 6 | » 9 9 | » 9 » | » 7 3 | » 8 8 | » 8 » | » 5 8 | |

## Pour 100 livres Mandats.

| | | Germinal. | Floréal. | Prairial. | Messidor. |
|---|---|---|---|---|---|
| 1re. décade | 5 premiers jours | 34 liv. 9 sols » den. | 15 liv. 4 sols 6 den. | 11 liv. 4 sols » den. | 7 liv. 4 sols 6 den. |
| | 5 derniers jours | 29 8 » | 14 » » | 7 9 4 | 6 19 6 |
| 2e. décade | 5 premiers jours | 19 10 » | 13 14 » | 6 15 3 | 7 8 6 |
| | 5 derniers jours | 20 2 » | 14 » » | 5 3 6 | 7 10 » |
| 3e. décade | 5 premiers jours | 19 10 » | 12 3 3 | 8 8 3 | 6 14 6 |
| | 5 derniers jours | 17 11 » | 11 10 7 | 8 7 6 | 5 10 10 |